当代文化翻译的多维研究

于之润　苗艳菲◎著

中国戏剧出版社

图书在版编目（CIP）数据

当代文化翻译的多维研究 / 于之润，苗艳菲著 . --
北京：中国戏剧出版社，2022.11
ISBN 978-7-104-05299-9

Ⅰ. ①当… Ⅱ. ①于… ②苗… Ⅲ. ①翻译—研究
Ⅳ. ① H059

中国版本图书馆 CIP 数据核字（2022）第 221869 号

当代文化翻译的多维研究

责任编辑：肖　楠
项目统筹：康祎宁
责任印制：冯志强

出版发行	中国戏剧出版社
出 版 人	樊国宾
社　　址	北京市西城区天宁寺前街 2 号国家音乐产业基地 L 座
邮　　编	100055
网　　址	www.theatrebook.cn
电　　话	010-63385980（总编室）　　010-63381560（发行部）
传　　真	010-63381560

读者服务：010-63381560
邮购地址：北京市西城区天宁寺前街 2 号国家音乐产业基地 L 座

印　　刷	天津和萱印刷有限公司
开　　本	787mm×1092mm　1/16
印　　张	12
字　　数	212 千字
版　　次	2022 年 11 月　北京第 1 版第 1 次印刷
书　　号	ISBN 978-7-104-05299-9
定　　价	72.00 元

版权专有，违者必究；如有质量问题，请与出版社联系调换。

前　言

　　进入 21 世纪以来，世界经济一体化的趋势不断加强，国家、民族之间的接触和交往日益频繁，人们越来越注重与世界接轨，所以学习和掌握一门甚至多门外语成了人们努力的方向。互联网时代交流的便捷性更加促进了不同文化之间的渗透、交流乃至碰撞与冲突，各种文化间的对话与融合问题日益凸显。而作为文化交流的介质，语言翻译的作用及意义更为突出。

　　文化是一个很复杂的概念，具有两个明显的特质，即历时性与共时性。所谓历时性，是指文化总在不断变化发展，与社会的发展保持了一致性；所谓共时性，则是指不同国家和民族的文化同时存在，并且互相交流、彼此影响，融合和渗透不可避免。从历时角度看，文化随着社会的发展而不断进化；从共时角度看，各个国家、民族都有其独特的文化，它们相互影响，相互渗透。也就是说，文化是一个不断发展的开放体系。

　　众所周知，语言是文化的重要载体与组成部分，每一个文本的出现都是一定语言文化现象的反映。不同语言文化的差异性，为对原文进行忠实传达的翻译工作带来了巨大的困难与障碍，这必然要求译者不仅对源语文化有深层次的了解，还要求他们对译语文化有纯熟的把握。著名学者尤金·奈达这样说道："要想出色地完成翻译工作，对两种文化的精通要比对两种语言的精通更为重要。"但是，如何理解文化翻译以及如何对文化翻译进行研究是翻译学的一个重要课题，并且文化翻译的理论知识在翻译教学中的影响也变得越来越大。

　　鉴于此，作者在参阅大量文献的基础上，对文化翻译进行了深入论述。本书第一章为翻译概述，主要从翻译的含义、中外翻译发展史、翻译的伦理学研究等方面出发。本书第二章讲述了文化与翻译概论，主要从文化的定义与特征、翻译的可译性与不可译性、文化视角下翻译中的常见问题等方面出发。本书第三章为文化翻译研究，对于什么是文化翻译、西方文化翻译观、文化翻译的原则与策略进行了一定程度的分析。本书第四章为文化翻译中的宏观理论与微观理论，主要介绍了宏观文化与微观文化的关系、"原味"与"异味"、二度性过滤与创造性叛逆三方面的内容。第五章是当代文化翻译的具体应用，从服饰文化翻译、饮食文化翻译、社交文化翻译、节日文化翻译、动物文化翻译、植物文化翻译几方面展开了论述。本书第六章为翻译与文化心理，主要介绍了文化心理概述、语义诠释与文化审美心理、文本解读与文化审美心理三方面内容。

  在撰写本书的过程中，笔者参考了大量的学术文献，得到了许多专家学者的帮助和指导，在此表达真诚的感谢。本书内容系统全面，论述条理清晰、深入浅出，但由于作者水平有限，书中难免会有疏漏之处，希望广大同行及时指正。

作者

2022 年 4 月

目录

前言 ·· 1

第一章　翻译概述 ·· 1
  第一节　翻译的含义 ·· 1
  第二节　中外翻译发展史 ·· 6
  第三节　翻译的伦理学研究 ·· 17

第二章　文化与翻译概论 ·· 29
  第一节　文化的定义与特征 ·· 29
  第二节　翻译的可译性与不可译性 ·· 36
  第三节　文化视角下翻译中的常见问题 ·· 46

第三章　文化翻译研究 ·· 70
  第一节　什么是文化翻译 ·· 70
  第二节　西方文化翻译观 ·· 77
  第三节　文化翻译的原则与策略 ·· 86

第四章　文化翻译中的宏观理论与微观理论 ·· 98
  第一节　宏观文化与微观文化的关系 ·· 98
  第二节　"原味"与"异味" ·· 99
  第三节　二度性过滤与创造性叛逆 ·· 103

第五章　当代文化翻译的具体应用 ······ 111
 第一节　服饰文化翻译 ······ 111
 第二节　饮食文化翻译 ······ 115
 第三节　社交文化翻译 ······ 119
 第四节　节日文化翻译 ······ 122
 第五节　动物文化翻译 ······ 137
 第六节　植物文化翻译 ······ 151

第六章　翻译与文化心理 ······ 165
 第一节　文化心理概述 ······ 165
 第二节　语义诠释与文化审美心理 ······ 170
 第三节　文本解读与文化审美心理 ······ 176

参考文献 ······ 183

第一章 翻译概述

翻译是一种跨文化的传播活动,可以跨越时代、跨越语言、跨越民族、跨越地域。如今,科学技术迅猛发展,在经济全球化的浪潮下,信息传播的速度日新月异,人与人之间的交往越来越密切,跨文化的交流活动也越来越频繁和广泛,翻译在跨文化交流中越来越重要,起着桥梁和纽带的作用。本章主要就翻译概论进行论述,分别从翻译的含义、中外翻译发展史及翻译的伦理学研究三方面展开研究。

第一节 翻译的含义

一、翻译的概念

国内外一些学者为了让人们对翻译有一个更全面、更深刻的认识,也为了使译者更好地完成翻译任务,对翻译进行了定义,但是这些定义并非是完全相同的。

国外的很多学者主要是从等值或对等的角度出发对翻译进行定义。卡特福特(J.C.Catford)是英国著名的翻译理论家,他从等值的角度对翻译进行定位,认为在保证等值的前提下,翻译就是用译语文本替换源语文本。[1]

尤金·奈达(Eugene A.Nida)是美国著名翻译理论家,他的翻译观是对等翻译观,他认为翻译就是将源语文本用最自然、最接近的译语对等地呈现出其原本的风格以及表达的意义。斯莱普(Slype)也秉持对等翻译的观点对翻译进行定义,他提出翻译就是在实现意义对等的条件下将源语文本用译语文本替换。[2]

尽管国内翻译学者对翻译的描述不尽相同,但他们对翻译本质的理解和认

---

[1] 水娟:《跨文化传播视域下的翻译问题再审视》,吉林大学出版社2020年版,第27页。
[2] 张雨晴:《文化翻译观视域下的翻译教学研究》,吉林大学出版社2019年版,第8页。

识基本一致。有的学者认为，翻译是通过译语传达源语的内容；有的学者认为翻译是用译语对源语的意义进行传递；有的学者认为翻译是用译语对源语世界做出再现。

沈苏儒对翻译进行审视主要是从发送者和接受者的角度来进行的，他认为某一文化背景中发送者发送的内容是源语文本，所谓的翻译就是将这些内容尽可能原汁原味地传递给译语文化背景中的接受者。[①] 有的学者认为翻译是一种对语言进行重新表达的活动，认为翻译是对源语的内容用译语的重新表达。有的学者立足于语言形式的立场，有以下观点：用译语形式对源语形式所包含的内容进行传递的一种语言活动就是翻译，是一门具有创造力的语言艺术。

此外，有学者以译者和文本价值为入手点，认为翻译是以译者为主体，通过译语对源语进行准确转换，在此基础上，获得与源语相似的文献价值，也可以说翻译是一种创造性的思维活动。总而言之，从根本上来说，翻译就是对两种语言进行转换的活动，在这个活动过程中，译者将源语的信息传递给译语读者，值得注意的是，需要注意源语和译语的文化差异、语言差异。

英语中 translation 这个词首次出现在 1340 年，有的认为其起源于古法语 translation 这个词；有的认为其起源于拉丁语 translatio（传送，就是英语 transporting），然而，translatio 这个词的来源是其动词 ransferre（传递，即英语 to carry over）的过去分词。在语言领域，translation 一词有以下几个意思。

第一，对本学科或现象的一种通称（比如，I studied translation at university. 我大学修读了翻译）。

第二，翻译出来的文本——翻译产品（比如，They published the Arabic translation of the report. 他们出版了该报告的阿拉伯语译本）。

第三，翻译过程，又称翻译服务（translating）。

两种不同语言之间的翻译过程就是用一种语言（源语或 SL）写成的文本（原文或 ST）转换为另一种语言（目标语或 TL）写成的文本（译文或 TT）。

原文（ST）→译文（TT）

源语（SL）→目标语（TL）

因此，当我们把一本中文的操作指南翻译成英文的时候，原文是中文，那么英文的就是译文。这种翻译就是罗曼·雅各布森（Roman Jakobson，俄裔美籍结

---

① 水娟：《跨文化传播视域下的翻译问题再审视》，吉林大学出版社 2020 年版，第 28 页。

构主义语言学家）所提出的"语际翻译"。雅各布森发表了一篇论文，名为《论翻译的语言学问题》(On Linguistic Aspects of Translation)，这篇论文对翻译产生了深远的影响。在他的理论中，翻译客体分为三类。

第一，语内翻译，也叫作"重述"。对语言符号使用相同语言的其他符号进行翻译。

第二，语际翻译，也被称为"严格意义上的翻译"。对语言符号使用不同的语言进行翻译。

第三，符际翻译，也被称为"转换"。对语言符号使用非语言符号进行翻译。

以上对翻译进行的定义都是从符号学的角度出发的。所谓的符号学就是指通过符号和符号系统来完成交际过程的一门普通学科，符号有很多种，语言只是其中的一种。从符号学的角度对翻译进行定义和分类具有重要的意义，这使得翻译不再仅仅局限于语言之间。在符际翻译中，会将书面文本译成不同形式的语言符号，比如电影、音乐、绘画。典型的例子是杰夫·韦恩（Jeff Wayne）在1978年改编的著名音乐剧。这部音乐剧的原作是《世界之战》(the war of the worlds)，是H.G.威尔斯于1898年写的一部科幻小说。这部小说后来被改编成音乐剧，并于2006年登上舞台。此外，2004年，顾伦德·查达哈（Gurinder Chadha）将简·奥斯汀的《傲慢与偏见》(Pride and Prejudice)改编成了电影《新娘与偏见》(Bride and Prejudice)，这也成为符际翻译的实例。

所谓的语内翻译，就是使用同一种语言重写原文或者摘写原文，比如，对儿童版的百科全书进行重新编写。同一种语言中，不同的表达方式也是语内翻译。

在下面的例句中，对句中前面部分文字的语内翻译是 revenue nearly tripled，具体的标示语是短语 in other words。

In the decade before 1989 revenue averaged around NZ $1 billion a year while in the decade after it averaged nearly NZ $3 billion a year — in other words, revenue nearly tripled.

二、翻译的过程

（一）理解

在翻译过程中，译者首先要做的就是对原文进行分析和理解。译者只有对原文有了透彻的理解，才能将源语文本进一步转化为译语文本。在翻译中，最关键的过程就是理解，这也成为最容易出现错误和纰漏的一环。译者在对源语文本进行理解的过程中，主要从以下三个方面对源语文本进行分析。

第一，分析源语文本的体裁。不同的文本体裁可能有不同的翻译要求。对不同类型的文本，可以采取不同的翻译策略或翻译方法。如，译者在对文学文本进行翻译时，需要充分发挥创造性；译者在对商务文本进行翻译的时候，需要保证信息传递的准确性。译者可以在了解源语文本的文体风格与体裁的基础上，对译语文本可以使用的文体风格进行调整。

第二，对源语文本的文化背景进行分析。实际上，翻译是一种跨文化的交际活动。在跨文化交际中，交际双方需要对对方的文化背景、历史文化有一定的了解，防止出现交际冲突。同样的道理，在对源语文本进行翻译的时候，译者也需要对源语的文化背景进行深入了解，只有这样才能对源语文本有准确的理解，对原文的信息进行忠实的传达，防止在翻译中出现文化冲突。

第三，对语言现象和逻辑关系进行分析。从宏观方面对源语文本进行分析之后，需要从微观层面对源语文本进行语言和逻辑的分析。源语文本的外在表现就是语言。语言现象一方面包含词汇构成、语法规则、语音等层面，另一方面还包含语义层面，如多词同义、一词多义等。此外，每一种语言都是对逻辑思维的反映，语言也是传达思维、实现思维的重要工具，逻辑分析的方式就是思维。翻译是一种跨语言的转换活动，那么我们可以这么认为，翻译属于语言逻辑活动。逻辑贯穿于翻译的整个过程，对于译者而言，不仅需要利用逻辑分析对原文进行理解，还需要利用逻辑方式对译语进行表达。语言的表达不仅要合乎逻辑也需要合乎语法的规则，否则语言表达就没有了意义。

总而言之，对源语文本的准确理解需要从以上三方面入手，三者缺一不可。

（二）表达

在翻译中，表达的前提是理解，理解的最终目的是表达。表达就是使用译语对源语进行转换的过程，表达的准确与否取决于译者对源语文本的理解能力和译者的双语的语言能力。翻译是一种心智活动，这个过程中少不了译者的创作。创造性思维发挥作用主要体现在创作上。在"互联网+"的时代大背景下,创新成为新经济发展的驱动,其中,一切创新成稿的源头与核心是创造性思维,这是重中之重。译者如果缺乏创造性的思维,那么在翻译实践中,就很难做到对语言的高质量转换。创造性思维在翻译过程中的体现主要是在面对翻译难点的时候,译者对各种知识的灵活、有效运用,对语言进行重新组织,以此形成恰当的译文。"奇""异"是创造性思维的关键。译者在对有难度的政论文本进行翻译的时候更加需要创造性思维的运用。

因为汉语和英语有不同的语言特点,属于两种不同的文化。译者需要在翻译的过程中运用创造性思维,跳出源语文本的形式框架,对源语文本的语义用另一种语言进行表达,然后在双语文本之间找到一个共同的结构。如,中国几千年文化积淀形成的一些古语、成语、诗词、俗语、典故等,在英语中都找不到相应的结构,这时,译者需要通过运用创造性思维,将中国语言文化的深刻内涵准确地传达给目标语言的读者。只有译者具有创造性思维,才能突破各种障碍,使文化因素在交际双方之间畅通无阻。

(三)校改

翻译的最后阶段是校改。翻译初步完成后,译者需要通读译文,以便发现问题,及时纠正。翻译工作者在处理翻译工作时,不能因为熟悉材料和丰富的经验而抱有漫不经心的态度。相较于广阔的世界,个体的认知是有限的,就算个体的认知再多,也没有办法触及世界的每一个角落。译者的翻译技巧再好,经验再丰富,也难免出错。就算是最认真的译者也可能会犯错。翻译中,译者再小心也不为过。校改这个环节非常重要且必要。因此,翻译的过程也是一个不断检查、校改的过程。校改应该注意以下问题。

(1)对文章中重要的翻译单位检查是否有误。

(2)对文章中的标点符号进行检查,看是否有错误。

(3)对译文的表述与目的语表述进行核对,看二者是否一致。

(4)检查文章中的数字、专有名词、重要人名、地名等是否有误。

(5)对译文中的常见翻译单位进行检查,看是否表述准确。

第二节 中外翻译发展史

一、西方翻译发展史

（一）翻译学早期历史

很久以前就有翻译的记述，翻译实践在文化和宗教文本概念的早期传播中有着非常关键的作用。在西方，许多学者都讨论过翻译方法的问题，包括贺拉斯（Horace）、西塞罗（Cicero）和圣杰罗姆（St.Jerome）。直到20世纪，他们的思想依旧具有深远的影响。比如圣杰罗姆将《圣经》的《七十子希腊译本》译成拉丁语，这对后世《圣经》的翻译有着深远的影响。实际上，在西欧，前后一千多年时间，《圣经》翻译一直是不同意识形态冲突的战场，尤其是在16世纪的宗教改革中。

尽管翻译的实践有着悠久的历史，但直到20世纪下半叶，翻译研究才发展成为一门学科。在这之前，翻译常常作为语言学习的一部分。换言之，许多国家的语言学习从18世纪末到20世纪60年代及以后都采用语法翻译法。语法翻译法最开始是用于学习古典拉丁语，后来又用于学习现代外语，非常注重死记硬背语法规则和句子结构，然后通过翻译句子来练习和测试。这些句子通常是经过专门设计的，仅仅反映所学习的语言结构，它们之间没有任何联系。

为什么学术界轻视翻译，在一定程度上可以从翻译与语言教学的结合中找到原因。学习新语言的途径和方法是翻译练习，在尚未能阅读原文之前，翻译练习也被当作阅读外语文本的方法。因此，随着直接教学法和交际教学法的兴起和发展，在20世纪60年代或70年代以后，语法翻译法在一些英语国家遭人诟病。所谓的交际教学法强调学生学习语言的本能，注重在课堂中营造真实的语言学习环境，在教学的早期，对学生的口语能力非常重视，对笔头表达能力的重视较少。另外，在课堂教学中，学生的母语一般是避免使用的。因此，在语言学习中完全放弃了翻译。从那时起，在教学方面，翻译就更多地局限于高级翻译、大学的语言课程和专业翻译培训之中。

在20世纪60年代的美国，翻译领域引入"工作坊"活动。艾奥瓦大学和普林斯顿大学开始举办翻译工作坊，并推动了文学翻译。这个概念发源于剑桥文学批评家 I.A. 理查兹组织的阅读与实用批评工作坊以及创意写作工作坊。翻译工作坊的目的是将新译作介绍到目的语文化中，并讨论翻译过程中和文本解读中的一些详细原则。比较文学也促进了文学翻译的发展，比较文学需要对文学进行跨文化和跨国的研究比较，这就需要对一些翻译作品进行研读，因此，促进了文学翻译的发展进步。

对比语言学研究的对象之一就是翻译。对比语言学主要是就两种语言进行对比研究，对二者之间的共性和特性进行探究。对比语言学在 20 世纪 30 年代，在美国发展成为一个系统的研究领域，其顶峰时期在 20 世纪的 60 年代和 70 年代。对比语言学的发展得益于翻译作品以及翻译实例所提供的大量数据。尽管这种对比方法没有对社会文化和语用因素进行整合与融合，也没有对翻译是一种交际行为的思想进行充分吸收和接纳，但是这对维奈和达贝尔内（Vinay and Darbelnet）及卡特福德（Catford）等人的语言学翻译研究产生了重要的影响。长期以来，翻译研究一直遵循语言学的研究模式，这从侧面说明了语言学与翻译之间存在着显而易见的内在联系。具体采用的模式有功能语言学、生成语法和语用学。在 20 世纪五六十年代出现了更加系统的语言学方法，其中的某些研究已经成为经典，如：

第一，维奈和达贝尔内一起合作出版了《法英比较文体学》一书，在这本书中对比了英语和法语，用于描述翻译的一些关键性术语首次被提出。在 1995 年这部著作才被译成英语。

第二，阿尔弗雷德·马尔布朗（Alfred Malblanc）主要是根据英语和德语翻译进行了研究。

第三，《翻译的理论问题》是乔治·穆南（George Mounin）出版的书籍，在该书中主要对翻译的语言学问题进行了探讨。

第四，尤金·奈达对乔姆斯基当年非常流行的生成语法进行了借鉴和吸收，以此为理论基础，完成了著作。这些著作也成为当时圣经译者的翻译指南。

这一更为系统的研究方法开始标示出翻译的"科学"研究领域。在 1964 年奈达出版了专著《翻译科学探索》，在书名中使用了"科学"这个词汇。与之相对应的是，在德语中，在萨尔布吕肯的萨尔兰大学中，在教学和科研中，沃尔弗拉姆·威尔斯（Wolfram Wilss）使用了翻译科学这个概念。除此之外，活跃的莱比锡学派学者，比如海德堡的温拿·科勒（Werner Koller）、阿尔布特·纽伯特（Albert Neubert）、奥托·凯德（Otto Kade）等都采用了"科学"这个词。此时，新出现的学科名称并没有确定，有的学者建议使用其他的名称，比如 translatology，或者使用该词的德语对应词 Translatologie，西班牙语对应词 traductologia，或者法语对应词 traductologie。

（二）20世纪70年代以来的发展

自20世纪70年代以来，翻译学迅速发展，在霍姆斯图中所描绘的许多领域都凸显出来。这使得对比语言学一度被忽视，但是随着语料库翻译研究取得非常出色的成绩，对比语言学重新被关注和重视。在德国，以语言学为导向的翻译"科学"依旧蓬勃发展，但是一些与之相对应的概念遭到了质疑。在德国，围绕文本类型和目的的翻译理论开始兴起。许多澳大利亚和英国的学者，比如卡尔扎达·佩雷斯（Calzada Perez）、哈蒂姆和梅森（Hatim & Maso）、芒迪（Munday）、贝尔（Bell），将他们的理论应用于翻译研究。在20世纪70年代末到80年代描述性翻译研究开始兴起，这种研究起源于比较文学和俄国形式主义。此研究开创的中心是特拉维夫，在这里有伊塔马·埃文–佐哈尔（Itamar Even-Zohar）和图里倡导的文学多元系统理论，文学多元系统的理论强调在不同的体裁和文学之间可以相互竞争，对主导地位进行争夺，翻译文学和非翻译文学也包括在内。与此同时，比利时的一个研究小组与多元系统学者密切合作，包括安德烈·勒弗维尔（Andre Lefevere）、何塞·朗贝尔（Jose Lambert），并且与英国学者保持密切的联系，包括苏珊·巴斯内特（Susan Bassnett）和西奥·赫尔曼斯（Theo Hermans）。赫尔曼斯编著的《文学的操纵：文学翻译研究》是其中一部非常重要的文集，由此产生了"操纵学派"。之后，巴斯内特和勒弗维尔编著的《翻译、历史与文化论集》引入了词汇"文化转向"，自此以后近十年的翻译研究由动态的、以文化为导向的研究路径所主导。

20世纪90年代，随着时代的不断发展，出现了一批新的研究方法和概念，包括：加拿大翻译与性别研究，领军人物是雪莉·西蒙（Sherry Simon）；巴西食人主义学派，主要的倡导者是埃尔斯·维埃拉（Else Vieira）；后殖民翻译理论，主要学者和推动者是孟加拉国学者特贾斯维莉·尼南贾纳（Tejaswini Niranjana）和佳亚特里·斯皮瓦克（Gayatri Spivak）；从文化研究角度分析翻译，对译者更加尊重和认可，主要代表人物是美国的劳伦斯·韦努蒂（Lawrence Venuti）。

后现代哲学是一种哲学体系和哲学思潮，后现代翻译的教学思想是根据后现代主义哲学不断发展产生的。所谓的"后现代"并非指的是时代化意义上的一种历史阶段，而是对"现代性""现代主义"的一种反思；是一种质疑——对不言自明的主流社会观念的质疑；当然也是一种思维方式，主要是崇尚差异与多元的思维方式。在罗斯玛丽·阿罗约（Rosemary Arrojo）的观点中，翻译教学如果只注重讲解标准、讲解权威专家的译文，会不利于学生翻译能力的培养和提高，在教学中需要尊重学生的个性需求，在阅读和翻译上，学生之间会存在差异和多样性，只有在平等对话的基础上才能完成原文和译文的文本建构。尽管如此，阿罗约的论述仅仅停留在理论层面上，并没有深入实践，没有对实际教学中存在的具体问题提出可以解决的方案和策略。道格拉斯·罗宾逊（Douglas Robinson）是后现代翻译教学观的另一位代表人物，他的观点与阿罗约的观点不同，他认为个体因素和译者所处的文化制约均会使译者对文本做出直觉反应。[1] 以这一观点为依托，在翻译教学实践中应该着重培养学生的直觉反应，教师应该为学生创造出尽可能真实的翻译过程，学生只有在这样真实的情境中才能学会对翻译中的问题进行妥善解决，使翻译策略得到提高，养成好的译文直觉反应。换句话说，为学生创造真实的情境，使学生具有对翻译的个体体验，在此基础上形成思维习惯和直觉反应，是翻译教学的目的。

在教学思想上，阿罗约和罗宾逊有不同的侧重点，但二者都解构了教师和专家翻译的权威，强调学生自我观念的培养，突出尊重学生的个体差异。

进入新千禧年以后翻译学发展的速度就更快了，而且特别关注下列问题，翻译全球化和抵制的问题，翻译社会学和翻译历史学，翻译培训，以及过程导向的研究。新科技给翻译研究和翻译实践都带来了革命性变化，这包括视听翻译、本地化以及基于语料库的翻译研究等新领域的出现。此外，翻译学也扩展到许多其他国家，例如中国和阿拉伯。

2000年，唐纳德·基拉利（Donald Kiraly）在专著《翻译教育的社会建构

---

[1] 王乐洋：《翻译课程教学研究》，对外经济贸易大学出版社2020年版，第3页。

主义方法：从理论到实践的许可》(*A Social Constructivist Approach to Translator Education: Empowerment from Theory to Practice*) 中，提出了社会建构主义翻译教学理论。社会建构主义是当代西方社会科学哲学的一股重要思潮，认为知识是社会群体互动和协商的结果，个人可以通过与他人的互动与协商，主动建构起自己对客观世界的认知，并形成知识体系。换句话说，知识的获得并不是一个被动的过程，而是认知主体通过协商主动建构起来的。

翻译活动是一个动态的过程，译文并非是其表现形式最终的产品。对此，可以这样认为，对于翻译教学而言，并非是知识性的教学，学生对翻译活动的深刻体验仅靠教师知识性的灌输是不可能实现的。对于翻译活动而言，最起码应具备四个方面，一是译前准备，二是翻译，三是译后编辑，四是校对。这四个方面都需要学生在模拟的翻译项目中，在相互交流中，构建起自身对于翻译活动的认识和体验，构建自己的知识体系。

不管是过去还是现在，译员都向客户提供语言服务，但是不同的是，在过去译员是个体，而现在译员是一个群体。当前，很多项目都需要多位译员来合作完成。在这样的情况下，作为教师的任务就是帮助学生明确作为译员一方面需要理解和完成一项翻译任务，另一方面还需要与他人合作，在团队中，根据团队的预期和规范去完成任务。因而，翻译教学中不可或缺的环节就是让学生了解和体验自己的社会角色。

虽然学生对翻译知识和技能可以熟练掌握，但是也未必很好地完成具体的翻译任务。与其他学科不同的是，翻译知识和技巧的知识结构是不同的。对于大多数的学科而言，结构体系稳定、清晰，很难发生大的改变，在面临问题时，利用知识体系的结构进行逐层分析，对解决问题有很大的益处。但是在翻译的实践活动中，译员很少根据知识体系对问题进行逐层分析，他们更加倾向于综合运用各种翻译技巧。

解决问题时，根据知识体系的结构逐层分析是很有帮助的。而翻译知识与技巧的知识结构体系既不是固定的，也不是明确的，会随着具体情况的变化而变化。翻译实践过程中，译者倾向于综合运用各种翻译技巧，而不是借助知识体系的框架进行层层分析。

不管是建构知识体系还是培养社会角色，这些都离不开协商与互动，也离不开团队的合作。基拉利所提出的教学理论——社会建构主义翻译教学理论与翻译教学的特点相符合。

（三）范·道斯莱尔的"翻译学结构图"

正如范·道斯莱尔（Van Doorslaer）所述，为了适应翻译学不断扩展的需要，约翰·本杰明出版社出版的《翻译学书目》采用了一套新的概念框架。新的翻译学结构图中把"翻译"与"翻译学"区分开来，以反映不同的研究重点。

"翻译"关注翻译活动，在新的结构图中被分为四类。

①语言模式（语际、语内）。

②媒介（纸质、视听、电子）。

③模式（隐性/显性翻译，直接/间接翻译，母语/非母语翻译，伪译，重译，自译，视译等）。

④领域（政治、新闻、技术、文学、宗教、科学、商业）。

"翻译学"细分为四类。

①路径（例如文化路径、语言学路径）。

②理论（例如翻译普遍理论、多元系统理论）。

③研究方法（例如描述方法、实证方法）。

④应用翻译研究（翻译批评、教学法、制度环境）。

此外，"基本转换图"由术语组成，主要目的是描述翻译转换过程中的语言策略。尽管文化转向成为潮流，但具体翻译实践过程的核心依旧是语言层面的转换活动。具体包含：技法、翻译策略、规则/规范惯例/法则共性、错误以及各种翻译工具。如图1-2-1与图1-2-2所示，主要是策略和技法的分类图。虽然两者之间的区别有时在文献中并不明确，但这样的区分仍然是非常重要的。所谓策略主要指的是译作的整体翻译策略，技法主要指的是在对文本中的某个点进行处理时所采取的具体技巧。

当然，在特定的社会文化、特定的历史语境以及特定的制度环境下才会发生语言转换，因此需要受到相应的制约。

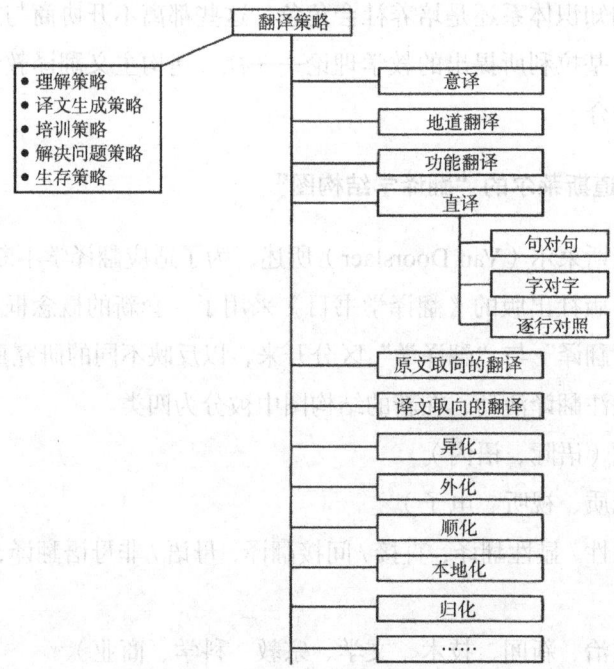

图 1-2-1 翻译策略

图 1-2-2 翻译技法

二、中国翻译发展史

从整体上来看，我国翻译活动经历了大致四个不同的时期：一是古代，二是近代，三是现代，四是当代。具体进行划分可以分成以下五个发展阶段。

第一阶段：从春秋战国到明末清初。早在春秋战国时期，中国就出现了比较正规的翻译，在《周礼》中有这样的记载："通夷狄之言曰象；胥，其才能者也。"① 这句话的意思是说，"象"是对精通少数民族语言的人的称呼，据此可知，"象胥"实际上相当于如今的翻译官。隋唐时期，佛经翻译事业达到了顶峰。旅游翻译活动中意义最重大的就是宗教文献翻译，代表人物是玄奘。在17年的印度之旅中，玄奘主要工作是翻译佛教经典。他一共翻译了佛教大小乘经论75部1335卷，总字数超过1000万字。不管是质量上还是数量上，玄奘的译作都处于中国佛经翻译史上的高峰，为中国了解世界提供了一个窗口。自后汉至宋代一直都有佛经的翻译，持续了一千二三百年。在北宋初期还有翻译活动，后来渐渐衰落。翻译的复兴始于明代永乐五年（1407）。当时，由于需要对外运输，成立了四夷馆，以培训翻译人员。明代末年，西学东渐，翻译工作也随之变得更加活跃。然而，此时翻译的方向已经完全发生了改变。翻译工作的重点不再是印度的佛经，而是欧洲的医学、天文、几何等方面的典籍，中国翻译的历史进入了一个新的阶段。随着明代的对外开放政策，特别是在郑和下西洋之后，中外的交流更加密切，很多关于天文、地理以及科技的书籍被引入中国，推动了中国社会的发展与进步。

第二阶段：明代万历年至清代的"新学"时期，及民国。晚清翻译界最重要的代表人物是严复，他是著名的资产阶级启蒙思想家、翻译家。他通常通过西方著名资产阶级思想家的著作来表达自己的思想。对于严复的贡献，不仅在于其自身的翻译实践，更在于他根据自身的翻译实践，对我国古代翻译佛经的经验进行总结，在《天演论》卷首的《译例言》中提出了翻译标准，即"信，达，雅"。

晚清时期，清廷为适应介绍和学习、运用外国科学技术知识的需要，创设了一些翻译机构。其中有京师同文馆、江南制造局附设的翻译馆等，主要是对工业和军事制造图书进行翻译。之后的民国时期，翻译活动达到了一个顶峰，很多优

---

① 邓启铜、诸华注释：《周礼》，北京师范大学出版社2019年版，第42页。

秀的启蒙书籍、红色书籍被引入中国，更新人们的思想。

第三阶段：从五四运动到1949年中华人民共和国的成立。这一时期的翻译主题主要围绕马克思列宁主义经典著作、无产阶级文学作品，例如《共产党宣言》。此时的译文形式也由文言文转化为白话文。

第四阶段：1949年至1976年。这个阶段的主要特点如下。

①翻译工作呈现出职业化的系统性、组织性。
②翻译由外译汉翻译变为汉外兼顾的双向型翻译。
③翻译作品的质量得到了很大提高。
④翻译标准不断统一和规范。

第五阶段：1976年至今。翻译实践进入了一个崭新的时代。翻译已成为多维度、多层次的传播媒介。翻译的规模和质量得到进一步提高，题材不断扩大，形式呈现多样化，包括口译和笔译，现在还出现了计算机辅助翻译（CAT）。

改革开放时期，我国的翻译工作达到了历史上的高峰，尤其是对西方文化的引进和介绍，这不仅体现在文学、理论、思想方面的译介工作风生水起，还体现在译介西方的经济建设和科技发展信息方面，这在世界文化史上也处于领先地位，对我国的现代化事业起到了很好的推动作用。

就世界范围来说，中文和英文是世界上使用最多的文字，全世界有十多亿人使用中文，同样也有十多亿人使用英文，因此，中英互译成为世界上最重要的翻译活动之一。据此，我们可以说，只有解决中英互译问题的理论才是具有国际水平的译论。在20世纪以前，没有任何一位西方学者对中英互译问题发表过文学著作，这也就导致了不可能出现中英互译问题的理论。《翻译的艺术》是许渊冲的著作，在此书中，他根据自己从事翻译工作的长期实践的经验总结，尤其是诗歌翻译的亲身实践经验，提出了主要包括优化论、三势论、三似论、三美论、三化论、创译论、竞赛论、艺术论在内的"中国学派的文学翻译理论"。

优化论是相对于对等论而被提出。二者的不同在于：对于文学译文，对等论认为应该用对等的译语表达方式，而优化论认为应该用最好的译语表达方式。因此，如果对等的方式是最好的译语表达方式，那么，二者是相同的；如果对等的方式不是最好的译语表达方式，那么，需要对"对等"进行舍弃，使用"最好"或"优化"。

换句话说，对等论重真（或似，或忠实），优化论重美（文学语言）。"真"是文学翻译的必需条件，是个对错问题，不真就不对，真却不一定好，所以只是个低标准；"美"是文学翻译的充分条件，是个好坏问题，不美的译文不一定算错，但美的译文却是更好的译文，所以是高标准。

三势论：发挥译语优势，改变劣势，争取均势。优化论就是发挥译语优势论。两种文字有时可以对等，那是均势；如果不等，一种文字就有优势或强势，另一种文字却处在劣势或弱势的地位。具体说来，两种文字都各有优势，各有劣势。中文的优势是精练，含义丰富，成语典故较多，结构有四字词组等；英文的优势是精确，逻辑思维严密，语法结构清楚，有关系代词等。中文和英文有45%处在均势。因此，在翻译的时候，应该尽可能发挥译语的优势，改变劣势，争取均势。

三似论：形似、意似、神似。优化论是发挥译语优势论，对等论基本上可以说是形似论，奈达的动态对等论可以算是意似论，而优化论却可以包括更高级的神似论。

三美论：意美、音美、形美。优化的译文，就是具有意美、音美、形美的译文，特别表现在诗词翻译中。

三化论：等化、浅化、深化。需要传达出原文的意美，包括两个方面：达意和传情。传达原文的"三美"可以使用"三化"的方法：一是等化，包含形似对等、词性转换、意似的动态对等、正说反说、主宾互换、主动被动互换、意似的动态对等、异词同译、同词异译、典故移植等。二是浅化，包括一般化、减词、抽象化、化难为易、合译、以音译形等。三是深化，包括特殊化、加词、具体化、以旧译新、分译、无中生有等。

创译论：最高级的深化论。从解构主义的立场和观点来看"所谓的'对等翻译'是不可能的"，创译就是赋予新的意义。

竞赛论：是对几种译文关系的认识论。三似论是对译文和原文关系的认识论，三势论则是对两种语文关系的认识论。几种译文摆在面前，看哪一种更能传达原文的意美、音美和形美，更能使人知之、好之、乐之，这就是许先生提出的"竞赛论"。

艺术论：译者的思想一定会对文学翻译产生影响，因此这不是科学，而是一种艺术，因为"科学包含客观的真理，不受个人思想和感情的影响"。科学研究追求的是"真"，要求"有之必然，无之必不然"之理；艺术研究追求的是"美"，要求是"有之不必然，无之不必不然"之艺。如果使用数学公式对二者进行表达，那么科学的公式一定是1+1=2，3-2=1，但是艺术的公式并非如此，是1+1>2，3-2<1。对于文学翻译而言，可以意似（近真），公式为1+1=2，这是一个关于对不对、美不美的问题，对而不好，真而不美，可以算是翻译；形似意不似（不真），公式是1+1<2，关乎对不对、真不真的问题，不对也不真就不能算是翻译；神似（近美），公式就是1+1>2，这关乎好不好、美不美的问题，又对又好，又真又美，才可以称之为翻译文学。因此，文学翻译的最低标准是"真"，文学翻译的高标准是"美"，在真与美没有矛盾、可以统一的时候是最理想、最好的状态，但是在现实的翻译中，二者往往有着矛盾，会出现矛盾大小、多少的差异。

解决文学翻译中求真和求美的矛盾不是定型定量的科学方法可以做到的，因此文学翻译也是一门艺术。

在此时期，还有众多翻译大家，如叶君健、王佐良等。他们为中英翻译理论的发展起到了积极的作用。

叶君健是一位著名的翻译家。他翻译了毛泽东的《论持久战》和其他作品，这是毛泽东作品第一次在国外以英译本形式正式出版流传。他翻译了大量的外国文学作品，包括《安徒生童话》。叶君健先生一直注重翻译中译者的主体性和创造性。在他看来，文学翻译不仅是翻译问题，还受文化认同、文化和翻译思想立场等翻译的趋势和功能因素的影响。

王佐良是现代翻译理论的开拓者。王佐良多次强调他的观点：翻译是原创的灵魂，必须忠实于原文。这一观点与当代西方翻译学派的目的论完全相符。[①]王佐良在1984年和1985年发表了两篇文章，主要是关于文化比较的，对文化与翻译之间的密切联系进行了分析。在20世纪80年代末和90年代初，在王佐良的积极支持下，"文化学派"完成，"文化学派"主要是以翻译理论为基础。

---

① 徐晓飞、房国铮：《翻译与文化》，上海交通大学出版社2018年版，第63页。

第三节 翻译的伦理学研究

一、传统翻译研究的伦理分析

（一）语文学研究的伦理解读

在传统语文学研究中，无论是逐字翻译、直译或意译原文，从西方贺拉斯所说的"忠实的译者"到中国的支谦一直延续到严复所用的"信"，都建立在"忠实"的基础上。当代翻译研究对传统译论中的"忠实"展开了深入的、全面的研究与探索，与之相关的翻译批评中存在以下观点：第一，"忠实"与封建社会的主仆关系、主从关系、君臣关系、夫妻关系是一样的，是一种丑陋的伦理观念；第二，诸多研究者认为，翻译的本质是改写和操纵，必须摒弃；第三，"忠实"意味着作者对译者的霸权，从而导致译者低下的社会地位；第四，在解构主义的基础上，从哲学上证明了"忠实"的对象——本来的意思——原意是不存在的，"忠实"也就无从谈起。为此，在2004年，王东风在《解构"忠实"——翻译神话的终结》中批判了这种"伦理的幽灵"，认为忠实的概念是建立在"恒定不变的原意"基础之上，对于传统的归化翻译所强调的忠实实际上是对被翻译文化的文化身份等严重的扭曲，通过德里达的"延异""意图谬误说"证明"原意确定论的不切实际性"。持与之不同观点的人物是彭长江，他在《翻译的忠实：含义、预设与实质》《论"重写、摆布"论的本质与地位》中为翻译忠实进行了辩护。他认为自古以来，忠实就是一种语言规范，"以实相告"是一种道德规范，并非是严格的封建等级制度下的不平等的人际关系的伦理性规范。忠实是将原文的真实性告诉译语读者，不预设作者或原作对译者的霸权，也不预设100%的程度。忠实是译者的道德和法律义务，试图将翻译的忠实妖魔化、极端化，以此来证明它是一个应该被摒弃的神话，是徒劳的。关于"忠实"与"不忠实"的问题，中西方翻译界一直争论不休。

从伦理学的角度来看，无论在西方还是在东方，不可否认的是，翻译的"忠实"具有浓厚的伦理内涵，但也不仅仅只有伦理的指涉，这种伦理的概念具有双重属性。一方面，"忠实"指的是译者在翻译活动中应该遵守的基本职业伦理道德，其意义在于译者不能"胡译"或"乱译"，在翻译的译文接受、读者的检验及翻译评判中作为一种基本的依据，换句话说，是要有基于事实的翻译，不能凭空捏造，这一点在当前翻译研究与实践中依然具有现实的意义。另一方面，如果脱离翻译职责的范畴，"忠实"翻译观就体现了另一个层面的伦理关系。在传统翻译思想中，即便"忠实"不是古代伦理教条的预设，也至少受到了当时历史时期的伦理观的影响。在当时的认识条件与水平下，客观世界处于中心地位，人要在自然界生存极为艰难，人的主体性还处于被边缘化的角落，作为认识主体的人对客观世界持一种敬畏和顺从的态度。

一个历史时期在某个领域所体现出来的思想，必然与当时的历史政治语境和人类认识水平密不可分。当然，翻译也不能完全脱离当时的社会、伦理、政治。翻译研究的语文学阶段，翻译中的"忠实"概念所反映的伦理思想，显示了这一时期翻译伦理的特点，也表现出伦理所具有的非理性主义的色彩。在西方伦理学史上，基督教伦理学是典型的非理性主义，认为信仰高于理性，理性和科学都不适用于道德范畴。在这样非理性主义的影响下，人们一方面认为人的活动是不受社会条件限制的纯粹的个人选择，另一方面对个人爱好和激情的意义进行了夸大，把道德活动中的情感因素绝对化，从而认为实际上道德是对个人爱好与激情的一种约束。在翻译领域，也体现了这种以自我为中心、服从权威的倾向——以译文为中心，译者服从原文和原作者的翻译思想。

（二）语言学研究的伦理解读

早期的翻译语言学研究有几个共同点：在语言学基础研究的基础上，认识到不同语言之间的共性，认为掌握了语言规律后，翻译就能顺利完成。因此，它强调对分析和研究语言内部规律，对不同语言在不同层次上的意义单位进行比较分析，进而找到相应的对等，其主要目的是为翻译实践服务。这种翻译研究强调客观事实，具体研究对具体的伦理问题不涉及，但如果从伦理层面分析，主要涉及如下两个方面。

第一，把翻译视为一门科学进行探讨研究，尽量避免外部因素，比如外部的政治、文化等对翻译的控制，研究者似乎秉持着一种回避价值判断、回避相关矛盾的态度，但实际上这种情况是不可能避免的。以译者奈达为例，他的翻译研究致力于寻求两种语言之间的对等，从意义对等到风格对等再到功能对等，他试图从文字的层面，从纯粹科学的层面来看待翻译。奈达对于对等文化的态度是跨文化交际的思想，这种思想促进了不同语言、不同文化之间的交流，创造了一种与世界各民族文化相互兼容的、更加真诚的氛围，这成为人类沟通和理解的第一步。可惜的是，在实际的翻译活动中，奈达偏离了自己的初衷，鉴于翻译中存在的文化问题，他研究文化差异的目的是尽可能地利用翻译语言的优势来消除这些差异，从而在《圣经》翻译中宣扬宗教。他所采用的归化法，引起了中外学者的批评。换言之，他为了消除与其他语言文化的差异，利用《圣经》的语言，这是无法回避的事实。

第二，翻译语言学的研究范式将翻译研究视为语言研究的一个分支，对于语言规律的作用过分重视。在这一研究范式中，占据统治地位的是实用技术工具理性，人的主体因素遭受抑制。译者成为掌握翻译规律的人。在翻译过程中，译者不是处于主体地位，译者和原作者以及读者之间似乎没有任何的联系。不仅仅是这样，语言学研究中忽视了文化的差异，对各语言文化的伦理问题进行回避，而且，这种研究模式并没有表现出尊重不同文化差异、尊重不同历史时期的异质文化，没有表现出尊重具有主体性和意向性的他者。表面上看起来处于价值中立的状态，实际上抹平差异的做法中深藏着意义的误读、话语的暴力、更大的文化矛盾与文化危机。

随着翻译语言学研究的深入，以奈达为代表的相关翻译研究者发现了研究中存在的问题，他本人各个阶段不同的翻译观是对这一问题最好的诠释。在功能派翻译理论时代，翻译研究有了一些明显的变化，赖斯（Reiss）与弗米尔（Vermeer）在《转换理论的基本原理》中，提出翻译应主要受控于占主导地位的功能。追求译文与原文的意图一致，可称为"忠实"的观点。以弗米尔为代表的功能派突破了对等理论的限制，创造了目的论，从这一原则出发，翻译过程是由翻译行为所要达到的目的所决定的。具体包括译者的目的、译文的交际目的以及使用某种特殊手段所要达到的目的，提出翻译应遵循的"目的法则""连贯性法则"和"忠实性法则"，突出翻译过程参与者的角色，分析出五个翻译过程中涉及的参与者：发起者、原文生产者、译者、译文使用者、译文接受者。

二、文化转向后的翻译伦理

（一）翻译研究的文化转向

传统的翻译观认为翻译活动是两种语言之间的转换，因此翻译研究的主要任务一直侧重于语言分析和文本比较。20世纪70年代以后，翻译研究呈现出多样化、多元化的趋势，突破了传统的美学和语言学模式，成为一种文化的反思。这个转型的促进就是多元系统理论和翻译描写研究的出现和发展。之后，在西方，后现代主义思潮开始兴起，在人文社科领域兴起了文化批判和文化研究。在翻译领域中出现了文化研究学派，主要是以霍姆斯（荷兰学者）、勒弗维尔（以色列学者）等为核心。随着翻译研究的文化转向，兴起了译者主体研究，打破了传统译论中译者与其他翻译主体间的伦理关系，同时也引发了翻译中处理文化问题所引发的文化伦理与政治伦理的冲突。研究者对翻译研究中存在的伦理问题正式提出并逐步展开研究，进行宽领域深层次的讨论。翻译研究领域受后现代主义的影响，开展了对翻译伦理相关问题的激烈讨论。

把翻译放在文化背景和社会语境下进行考察是文化转向的主张，关注宏大的背景，比如文化语境、历史惯例等，从宏观上对翻译研究进行描述。翻译文化转向的突出特点是把翻译过程看作一种宏观的文化转换过程。翻译的过程不仅仅是一个单纯的译码和重组的过程，更是一个非常重要的交际活动。翻译一方面需要对源语文本的内容进行描述，另一方面还需要考虑源语文本在译语文化中的功能等值。在传统的翻译行为中会对"怎么译"的问题进行斟酌和考虑，但在翻译的文化转向中侧重点在于面对文化冲突，解决"不可译"的问题，从译者主体性和目标语言所属文化的角度来研究翻译。翻译文化转向是指翻译超越文本和语言本身，对翻译过程中译入语言和源语文化因素的影响和制约非常关注，注重研究翻译对文化的影响与促进作用。

翻译的文化转向摆脱了词语的束缚，非常注重文化交流、文化适应，在平等的基础上使不同语言的人们可以交流思想。翻译是一种跨文化的交际活动。只有对两种文化有深刻的了解，才能在此基础上进行适当的文化转换，才能真正促进文化交流，达到翻译的目的。

（二）文化转向对翻译伦理的诉求

1. 伦理问题的显现

翻译研究文化学派的初衷在于：人类在翻译的跨文化交际中实现不同语言间的文化交流，减少信息交换中产生的文化误解和冲突。在世界各地人类文明的发展历史上，形成路径、外部环境的不同导致了文化多样性。多样性就意味着差异，差异就需要交流和沟通，通过交流实现相互理解，从而实现文明互鉴、文化融合。在实际跨文化交往中，面对不同文化之间的巨大差异，不同的群体或个人会有不同的选择，其中一部分选择倾向于尊重文化他者，尝试从他者的文化背景去理解其文化行为方式，虽然不赞成，但尊重他者的文化特性。但也有一部分表现出对异质文化的犹豫、徘徊，甚至对抗，从而引发激烈的冲突与矛盾。当前，世界中西两大文化阵营的基本现实正是这一文化关系现象的真实写照。在全球化的影响下，不同民族文化之间由于现实需要选择尝试性对话与交流，在很多领域初步达成共识，但意识形态下的本原文化是根深蒂固的，对他者远远没有达到放弃对抗所需要的全面深入与理解。

翻译研究的文化视角将不同文化差异的问题摆在了面前，在翻译涉及的源语和目标语的文化地位、译者对不同文化的认知以及翻译对不同文化进行归化处理还是异化处理方面势必引来矛盾和冲突。在翻译研究过程中，研究者希望通过翻译来实现跨文化交际，如何成功实现跨文化交际、各文化民族间的交融，是翻译文化研究者所要直面的一个问题。不仅如此，在文化语境下，文学是一个系统，和其他社会系统相互影响和制约，包括文学系统的内部和外部，外部的因素主要是赞助系统的力量，包括意识形态、经济和社会地位。在一定历史条件下，翻译与制度、学说、政府、学术界支持以及私人企业资助等都有密切的关系，翻译研究会受到所属文化、传统诗学的影响，应该考虑权力、意识形态、诗学和赞助人诸因素。也就是说，因为翻译研究已经深入翻译过程涉及的各翻译主体之间的关系，而伦理学是以各种关系研究为目标的，所以，翻译研究的文化转向为翻译伦理研究的出场提供了研究的氛围和依据。不仅如此，随着研究的不断深入，研究者也发现，一种翻译文本的背后往往隐藏着一种权力关系，不论是出于无意识还是某种特殊目的，某些处于权力顶端的文化凭借其在发展过程中所取得的历史、政治、经济等方面的优势在事实上实施着文化的霸权主义，这在翻译研究中逐渐被暴露出来。

2.跨文化交际的伦理诉求

从本质上来说，翻译是一种跨文化交际活动，因为翻译具有典型的跨文化交际的功能和作用，在翻译界达成了共识。首先，翻译活动涉及两种以上的文化——两种以上的语言所蕴含的历史背景、宗教信仰、风土人情、思维方式、心态特征等。译者在跨文化的翻译过程中需要面对两种文化的差异、碰撞、交流，在对两种文化有了认知后,重构文本以适合译语读者文化认知环境。其次,翻译同样是一种交际活动,在跨文化交际的翻译过程中,译者需要与原作者、原文本与译语读者展开对话,在此基础上,译者才能打破时空的局限,打破不同文化之间的差异和屏障,对自身语言文化方面的局限进行克服和改进,找到翻译的最佳契合点。

实际上,自古以来跨文化交际活动一直存在,因为只要是来自不同文化背景的人的交际活动,就可以称之为"跨文化"交际。然而,在人类社会发展的漫长历史中,跨文化交际从来没有像现在这样受到人们的重视。如今,跨文化交际成为一门独立的学科,在翻译领域,跨文化翻译研究也越来越热门,为什么会出现这样的变化呢?从当今社会所面临的社会问题中就可以找到答案,那就是存在着两种相互冲突又同时并存的基本趋势:文化全球化和本土化。在当代文明内部,全球化和本土化造成了一种矛盾和张力,在这种矛盾和张力的作用下跨文化交际研究迎来了新的机遇和挑战。

世界文明的发展得益于全球化趋势为其提供的广阔舞台,在这个舞台上,世界各种文化展开了文明对话和交流。然而,由于历史原因,各个文化都形成了相对固定的文化价值体系,其价值判断的标准也由此形成。换句话说,本土化的趋势也反映了种族中心主义,而种族中心主义是一种普遍的事实。因而,当今世界全球化与本土化的发展与并存,一方面使各种文化有了对话的可能,另一方面也带来了矛盾和冲突,这是不可避免的。

在翻译的跨文化交际功能的实现中,怎样将文明的冲突转化为和平的对话,即如何才能实现成功的交际,这成为跨文化翻译研究、文化研究的根本问题。在跨文化交际中,我们会追问行为的好坏、对错,以此指导我们的行为,也就是说,需要与他人讨论彼此的价值观念、对错标准、规范等,讨论我们如何进行正确的交际。我们对交际行为的是非评价,不仅是一个交际问题,也是一个伦理问题。因此,跨文化交际伦理是成功的跨文化交际活动所必需的因素,建立有效的跨文化交际伦理规则是跨文化交流成功的必要条件之一。

在"全球化"的趋势下,不同文化背景、不同价值观的人们,都在努力构建一个精神文化领域互通有无、互惠互利的文化世界。人类文明正在朝着"一体多元"的方向发展。"一体"是指人类文明固有的多样性和多元性所激发出来的丰富的、多层次的、多维度的价值整体性,即人性的整体性。"多元"是指文化发展与建设的多元趋势:在历史演进过程中,人类由于所处的生态环境不同,形成了各具特色的文化类型。每一种类型的文化都围绕人们思想和行为的特点形成了自己特定的文化模式，而特定文化模式又创造了特定的伦理规范、价值取向。故而，多元的价值取向是多元文化主义的直接反映，它带来了多元的伦理规则。

3. 翻译"重写"对伦理的呼唤

在文化学派看来，不同的文化语境决定了文本的意义不是固定不变的，翻译的目的是使译文与原文在各自文化中的作用保持一致。文本不是静态的，是动态的，文本是译者对原作者的意图进行理解，并创造性地将其意图重新引入到另一种文化的语言表达中。这种创造性形成了"重写"翻译观。对于翻译来说，"重写"象征着译者对原作的一种"谬见""误解"，是源语与译语两个系统的相互妥协，译者轻松地在这两种文化系统和文化中游走，自然而然成为"妥协高手"。这样的妥协主要是受到诗学、意识形态等方面的影响，译者的翻译选择往往会受到文学系统中的各自制约因素的影响，在这种情况下，译者自身的意识形态具有很重要的作用。不论什么样的译本，均产生于译者对自身意识的操控，并且译者自身的文学观念、历史观念及语言规范等也会产生影响。译者就像历史学家、评论家、文集编纂家一样，在客观性的伪装下行使颠覆的权力。在翻译过程中，译者的能动性体现在译语系统与源语系统之间的张力，译者再次被推向了台前。

作为文学学派的典型代表，巴斯内特和勒弗维尔等人强调"翻译即重写""重写即操纵"。重写是一个文学的捍卫者改变当地文化规范的重要手段，对文学系统的发展起着十分重要的推动作用。在翻译过程中，当权者或者译者的诗学与意识形态会对翻译起到支配作用，制约着原文真实面貌的反映，而且不同的文化背景下的不同读者对其有着各自的理解，不同译语目的有着不同的翻译，不同读者的期待也不同，在自觉或者不自觉的状态下，译者会协调原作诗学和自己所处诗学之间的关系，对原作内容等进行增删甚至篡改。通过对文本的改写，翻译创造一个新文学和文化形态，重写延续并改变了原文的生命。因此，重写具有巨大的力量，可以操纵文学、操纵文化，通过对文本的操纵，可以巩固也可以破坏现存的思想意识与诗学。因此，翻译与权威和合法性有关，与权力有关，重写是为权力服务的有效手段。

在翻译史上，翻译重写理论的翻译观是令人震惊的。首先，翻译重写理论的描述性研究真实地反映了在翻译史中客观存在的、在实际的翻译活动中真实发生的现象，研究重点也发生了改变：从作者转向了译者，从原作转向了译作，从源语文化转向了译语文化,为翻译提供了全新的研究方向和视角,对文化与翻译互动的空间进行了拓展,对翻译的本质进行了重新定义与审视,解放了译者的边缘地位,重新审视译者与翻译中其他主体的关系,从而深化了对译者主体性的研究。其次,翻译在文化学派的影响下成为一种译者、赞助者、评论者操纵社会、读者的任意行为,译者协调与操纵了文化,当然,在译者将翻译原则比如"忠实""对等"抛弃之后,其主体性得到了过分膨胀,最终出现了伦理批评。因此,怎样对译者的行为进行规范成为当前需要解决和研究的问题。最后,翻译重写理论中的反文化霸权、反语言中心的思想为我们呈现了翻译中译者的伦理观和对文化进行处理的态度,比如"归化""异化"等处理策略,针对这种现象和问题,文化强化与弱化的不平等问题必然导致进一步的争论。

(三)文化转向后的翻译伦理思想

1. 解构主义的差异伦理

西蒙·克里奇认为,解构主义是伦理性的,解构本身就是伦理行为。[①] 其所说的伦理与传统的伦理观念是不同的。德里达对列维纳斯伦理学的批判性发展,形成了解构的伦理思想,列维纳斯的伦理思想是对传统形而上伦理学的反动。传统伦理学与逻各斯中心主义相同,以主体的"自我"为中心,围绕这个中心形成了对"他人"的认知。他人所具有的差异性往往被认知主体所同化。与之不同的是列维纳斯认为"我"的实存是一种单纯性的存在,"自我"是没有主体所具有的实际意义,他者的另一个说法就是"他","我"始终被视为从他者角度论述的他者。对此,德里达提出:如果没有那种彻底的他者的突然侵入,"我"的这个单纯的内在意识就不可能给自己提供那种绝对相异性,同样,如果我不与他者相遇也就没有办法从自身产生出相异性。正因为"他者"与"自我"的关联性和相异性,可以将列维纳斯的新伦理学高度凝练为他者的伦理学。解构意味着面对他者需要更加真实和诚恳,解构的伦理性注重对他者的关注,尊重和肯定他者的整体性。

对翻译中文化霸权、文化不平等伦理关系进行猛烈抨击的代表人物当属美籍意大利学者劳伦斯·韦努蒂,他是一位解构主义翻译思想的积极倡导者。他在《对翻译的再思考》《译者的隐形》和《不光彩的翻译——对差异伦理的诉求》三本

---

① 陈可培、郝妙文:《解构主义翻译伦理评析》,《唐山师范学院学报》2009 年第 4 期。

著作中，通过对西方翻译史的研究，分析了以往占主导地位的以目的语文化为归宿的同化翻译。同化翻译占主导地位的核心原因在于，其以西方的意识形态为标准，以民族中心主义、帝国主义、殖民主义的价值观来塑造外国文学文本。虽然通顺的译文读起来通俗易懂，能避免歧义，但事实上进一步巩固了目的语的语言文化规范的作用，是一种英美文化殖民主义，是对外国文本进行的文化侵蚀。韦努蒂虽然在前期的研究中对这些涉及翻译的伦理问题进行了批评，但真正将伦理作为一个主题或命题来研究翻译是他的《不光彩的翻译——对差异伦理的诉求》这一著作。

韦努蒂对翻译伦理学的研究主要基于他对翻译属性和本质的认识与理解。翻译是一种跨文化交际活动，从翻译本质上来说，翻译是一种文化和政治行为，各种文化和社会因素会影响和制约翻译，同时翻译也会对制约和影响它的因素产生反作用。通过对翻译在构建地方主体与塑造文化身份之间的关系进行分析研究后，发现翻译对社会文化的多重功能中，最重要的是塑造文化身份。如果翻译有着深远的社会影响，翻译在文化身份的塑造过程中有助于社会的再生产和转型变革，那么我们就要思考这样的后果是有利还是有害，或者也可以这样说，这样构建的身份是否与伦理相合是非常重要的。韦努蒂意识到伦理问题非常重要之后，在《翻译的窘境》中写道，翻译诱发了很多需要解决的、非常严重的伦理问题，他提出，译者的翻译手段与方法使得译本产生的影响可能是保守的也可能是超出常规的。

韦努蒂翻译伦理研究的核心内容是对西方译学传统中的文化殖民主义进行批判，反对西方文化霸权，韦努蒂的翻译思想尊重文化"他者"，追求差异伦理。人与文化是不可分割的，文化并非是可以独立于人之外的事物，人重要的一项生活方式就是文化交流活动。在翻译文化的交往过程中，为了反对文化霸权，韦努蒂强调异化翻译理论，尊重他者，传达他者与自己不同的地方，比如价值观、世界观、宗教信仰、意识形态、生存体验等方面。对于译者而言，要对他者文本所描述的价值世界的完整性保持尊重，以及对他者文本中所表达的信仰、情感、价值担当保持尊重，总而言之就是尊重文化他者。

2. 后殖民主义的政治理论诉求

后殖民主义是跨学科文化理论和文化研究的重要组成部分，是一种理论批评方法，对文学批评、人类学、人种学、社会学、哲学、政治等领域的理论进行融合，以此对文化行为进行考察，是一种文化多元理论。后殖民主义的理论基础是后结构主义、后现代主义，是对后现代主义的文化话语、政治话语的深入发展与拓展，是一种对中心和边缘的二元对立持反对观点的反对文化霸权的理论，其关注的重点在于：一是弱势文化对于强势文化的消解，二是作为边缘的殖民地对处于中心地位的宗主国的消解。

后殖民理论注重文化的差异性，不仅包含传统意义上的东西方文化差异，还包括社会价值、政治的差异，提倡对文化的包容和平等，反对文化霸权、话语霸权。该理论的核心是"权力""话语"，批判了欧洲的中心主义，对各种意识形态比如权力、文化、意识中的中心和主流进行解构。后殖民理论家认为，每一种文化都是一个主体，有一个"他者"作为其"自我"主体身份的对立存在，正因为如此，这使得东方的"他者"因为欧洲文化的中心地位成为边缘。后殖民主义理论是一种对于文化的批评与反思，关注的重点在于"自我"与"他者"、文化中心与文化边缘的关系，这也成为伦理研究的核心问题。由此可知，后殖民主义有着典型的伦理属性和伦理特征，是对文化层面的批评与反思。

受后殖民主义的影响，后殖民翻译的文化伦理批评源于对西方的文化与政治伦理霸权的揭露，并试图重构多元文化平等的异质伦理。根据萨义德的研究，西方统治东方的历史和现实以及西方控制、重建和君临东方的一种机制充分表明了西方世界这种以自我为中心的二元对立伦理思想与伦理政治，而斯皮瓦克注重对殖民和后殖民文本的伦理解读，提出倾向于他者的异质伦理主张。基于后殖民主义理论，后殖民翻译研究就是要揭露这种东西不平等的文化伦理政治的本质，并通过合适的途径与方法进行批评、解构。

3. 女性主义的性别差异伦理观

女性主义翻译理论的侧重点在于关注关系翻译、译者的文化地位、文化身份问题，翻译研究的文化学转向使得西方学者开始探讨翻译与权力、意识形态的关系，在各种思潮的合力下，开展女性主义、后殖民主义等更为激进的翻译研究。

谢莉·西蒙是加拿大女性主义翻译理论的代表人物，她在1996年发表了著作《翻译的性别：文化等同和传递政治》。此书通过论证传统翻译理论的实例，证实译者、翻译通常与女人相联系，一直处于弱势和低等的地位，例如，约翰·弗洛里欧总结的所有有缺陷的翻译都被认为是"女性"，"译者是作者的侍女"；西蒙讥讽的"我是一个译本，因为我是一个女人"；法国修辞学家的"不忠的美人""作者是地主，译者是雇农"等。加拿大的戈达尔德探讨了翻译中的性别差异和语言差异问题，其观点认为，男性译者具有置女性于父权统治之下的心态，在翻译女性作家的作品时，会有意或无意地压制或贬低原文中的女性人物。译者有权操纵、转换甚至占有原文，翻译是语言的创造，一般而言是对原文的丰富而不是背叛。女性主义翻译理论对传统译论中女性地位低下的问题进行了探讨，在本质上涉及了男女之间的伦理关系，对现实中译者、翻译、译文地位低下的问题进行批判，并拓展到翻译有关主体之间的伦理关系问题。在人类社会中，男女之间的伦理关系是永恒的主题，自古以来，性别歧视一直存在，至今依旧在一定程度和一定范围内存在。女性主义翻译理论对传统伦理进行了批判，同时对翻译理论中相关的从属伦理关系表达了不满，提出了关于伦理的诉求，主要体现在作为翻译主体的译者与原作者之间的关系上。

纵观社会的历史，不管是东方还是西方，由于在社会中扮演的角色、社会分工、生理上的差异等复杂的、众多的因素，加之统治阶级自身尊严的需要、对社会统治的需要，逐渐形成了男尊女卑和父权话语的历史传统，统治阶级将伦理作为工具，对等级森严的社会结构和社会传统进行维护。在父权社会里，女人要服从男人，妻子要服从丈夫，男人可以妻妾成群，女人需要从一而终。在这样的社会中，对男性的要求是"以尊贵为荣"，对女性的要求是"无才便是德"。在父权社会，因为话语权树立了以男性价值观为标准的伦理等级观念，这种伦理等级观念一直影响着各个历史时期，基于此，也可以理解翻译在发展的过程中为什么形成了忠于原作的翻译观——译者从属于作者，翻译出来的作品被比作女性。因此，西方翻译界出现了"不忠的美人"，中国翻译界也出现了一种"美言不信，信言不美"的论断。

一旦出现译文超过原文的情况，译者就被冠上"不忠"的名称。换句话说，在父权社会中，女性的边缘地位是由于性别差异的伦理产生的，这也就注定了译者的边缘地位。随着社会的发展、文明的进步，社会伦理观念也发生了巨大的变化，男女之间的性别差异逐渐缩小。女性主义认可男女之间的自然差异，但这并非是父权话语下出现性别歧视的理由和借口，对于女性社会地位低下的伦理也持反对态度，同样，相较于作者，译者的角色和作者的角色也有所不同，译文与原文也不尽相同，但是不能将传统的等级伦理映射到翻译中。女性主义研究者认为，为了突出和尊重译者的地位和作用，主张译者在翻译过程中进行创作和重写，以此打破传统的伦理造成的译者地位低下的问题以及译者的边缘化，打破因此造成的对译文的意义和价值的贬低。

伦理涉及不同主体间的关系问题，同时也是维护这一关系所要求遵守的行为规范，遵守则称为"善"，反之则是"恶"。传统的性别差异伦理观设定了女性在社会交往中要遵守"忠"这一伦理标准，即要忠于丈夫，这是第一要义，当然还包括忠于她的长辈、家庭等一系列"妇道"，这种"忠"以绝对服从为基本原则，如果做好了，就是一种美德，否则就是大逆不道。对于翻译来说，这种"忠实"是对译者而言的，是传统翻译经验积累以及事先规定的准则，是译者所要遵守的基本原则，这一原则是被普遍接受而形成的规范。对女性主义理论者而言，之所以这样，是因为翻译没有考虑两种语言之间的文化差异，不管对女性还是翻译，都是不公平的，应该加以批判。

女性主义翻译理论对翻译权力结构伦理的挑战，是基于后结构主义文本理论的，强调对原文的占有和操纵，并不承认翻译是一种无涉价值的语言转换，因为她们不相信文本是中立或具有普遍意义的，任何文本都带有作者进行创作时的意识形态和文化语境的印记，翻译的过程如同文本写作的过程，同样具有这些印记，完全对文本具有操作的权力，并通过翻译彰显她在操控文本时的印记。女性主义认为翻译是一种政治活动，在翻译中彰显性别差异、女性主义的价值取向，将语言作为文化干预的手段去改变权力统治的表达形式，以解构性别之间和文本等级之间的权力影响。从社会、政治伦理的角度来说，女性主义将翻译作为女性争夺话语权的工具，她们追求女性和翻译的差异性伦理，实质上既是女性争取平等、争取解放的伦理，也是颠覆传统翻译观的性别伦理。

第二章 文化与翻译概论

在翻译外来语时,人们大多喜欢采用音译或者简单的意译来处理,因为这样做有两个优点:一是简便易行,二是不需要去了解原文化的含义,因此也就省心省力。音译虽然简便易行,但不是所有的文化都可以采用音译来完成的。对此本章节从文化的定义与特征、翻译的可译性与不可译性、文化视角下翻译中的常见问题三方面进行了全面分析。

第一节 文化的定义与特征

一、文化的定义

在汉语中,"人文教化"的简称是文化。根据词汇的排列顺序可知,先有人,后有文化。换句话说文化是人类社会发展到一定程度上的结果,是人类智慧和经验的结晶。

在中国语言系统中,"文化"是一个古老词汇,"文"包括语言和文字,是工具和基础。在汉语中,"文"的本义是指各种颜色交织在一起的纹理。《易·系辞下》中记载:"物相杂,故曰文。"《礼记·乐记》曰:"五色成文而不乱。"在《说文解字》中也有这样的解释:"错画也,象交文"。据此,"文"有很多的引申意:第一,各种象征符号包含语言文字在内,具体来说有礼乐制度、文物文化等;第二,与"质""实"相对应的人为修养装饰、彩画等;第三,善、美、德行等。

"化"在汉语中的原意是"改易、生成造化"。例如,《易·系辞下》曰:"男女构精，万物化生。"在《黄帝内经·素问》中有这样的语句："化不可代，时不可违。""化"主要指的是在性质和形态方面的改变。对于文化中的"化"主要指的是"教化"，是"文"运用和引申后产生的效果，包括群族精神活动的共同规范、物质活动的共同规范以及在精神和物质活动中这些规范产生、传播、认同、继承的手段和过程。

"文"与"化"并用，最早在战国末期儒生主编的《易·贲卦·象传》中见到："刚柔交错，天文也。文明以止，人文也。观乎天文，以察时变；观乎人文，以化成天下。"在这句话中，"天文"主要指的是自然规律，"人文"指的是人伦社会的规范和条律，也就是说社会生活中人与人之间的包括父子、君臣、兄弟、夫妇、朋友等关系，以及在与人交往中应该遵守的共同的处事原则和行为准则。无论是王侯将相，还是普通老百姓，都应该遵守这些法律和规范，以促进社会朝着稳定和谐的方向发展。治国者必须观察天文，了解时间顺序的变化，也必须观察人文，使天下所有的人都能遵循文明礼仪，都能做到应有的行为。这充分体现了中国古代人所推崇的"以文教化"的思想。

西汉以后，"文"与"化"组合成一个整体，如《说苑·指武》中"文化不改，然后加诛"，《文选·补亡诗》中的"文化内辑，武功外悠"。这里的文化与自然相对立，与非教化的"野蛮""质朴"相对。在汉语中，"文化"的本义是"以文教化"，意思是说对人品德的教养，性情的陶冶，属于精神领域。文化是人类社会的现实存在的反映，与人类一样有着悠久的历史。在人类创造和发展文化中，人类一直处于主体地位，作用对象的客体是自然，在实践中，主客体、人与自然的对立统一形成了文化。"自然"一方面指外在的自然界，独立于人身之外与之对立；另一方面也指各种生物属性，比如人的身体、人类的本能。

文化的出发点和立足点是从事改造自然、改造社会的活动，进而改造自己。文化由人所创造，文化也塑造人。因此，文化的实质是"人造物化"，在实践活动中，人类作为主体对客观世界进行适应、利用、改造，并且逐渐形成自身的价值观念和践行这些价值观念的过程，产生的结果不仅体现在不断改变的自然面貌、功能、形态等方面，而且体现在不断提高和完善的人类个体和群体素质中。据此可知，一切人类有意识的超越本能、自觉地影响自然和社会的活动及其结果，都属于文化。

在西方社会里，文化一词起源于拉丁文的 colere，意思是"耕作（土地）"，后引申为培养人的精神、兴趣、智能。在 1871 年，爱德华·泰勒（Edward Tylor，英国人类学家）首次提出文化概念，他将文化定义为 "Culture refers to the complex whole which includes knowledge, belief, arts, morals, custom and any other capacities and habits acquired by man as a member of society."。（文化是一个复杂的整体，包括人们作为社会成员所获取的知识、信仰、艺术、道德、习俗以及其他能力和习惯等。）[①]

随着时间的不断发展和空间的差异变化，文化已成为一个具有丰富内涵、广阔外延的多维概念。文化的内涵和外延有很大的不同，可分为广义文化和狭义文化。广义的文化涵盖了人类一切与自然界有本质区别的成果，因此又被称为"大文化"。《什么是文化》是梁启超的著作，在此书中，他提到"文化者，人类心能所开释出来之有价值的共业也"，"共业"主要包含认识、器物、艺术、规制等众多领域。狭义的文化是指人类全部精神创造的活动和成果，又称"小文化"。我们常说的文化指的是狭义的文化。《现代汉语词典》对文化的定义是：人类在社会历史发展过程中所创造的物质财富和精神财富的总和，特指精神财富。这也是属于狭义的文化的解释。

文化是一种与自然对立的社会历史现象，与自然相比，文化是人的思维和行为的结果。准确来说，文化是指一个国家或民族的地理、历史、风土人情、生活方式、传统习俗、思维方式、行为准则、文学艺术、价值观念等的聚合体。

二、文化的特征

（一）后天习得性

文化作为区别人类和动物的主要标志，是人类所特有的，但文化作为一种社会遗产，并不是生理的遗传，更不是通过遗传而天生具有的，而是通过学习得来的。人和动物一样，生来就有许多基本需求，有些是出于本能的需求，有些是生成和规范自己言行的需求，满足这些需求只有靠后天的学习。

[①] 任林芳、曹利娟、李笑琛著：《中外文化翻译与英语教学研究》，世界图书出版公司 2017 年版，第 5 页。

既然文化是习得的，人们就有能力传授文化。文化传授的主体既包括人类自身，如教师、家长等，也包括人们身处其间的整个社会。霍贝尔和弗罗斯特（Hoebel & Frost）指出，文化学习的全部过程就是"某一特定的文化背景中的社会成员，包括儿童和成人，在其习得能力、增长才干的过程中所进行的有意识和无意识的自我调节"①。也就是说，后天习得是指人们在家长、教师或他人的指教之下自觉主动地学习文化的方式，或者是在日常生活的耳濡目染中不知不觉地学习文化的方式。而文化之所以具有可传承性，是因为它具有可传承的内在需求和价值。无论是知识文化还是交际文化、物质文化还是精神文化，都是某一民族思想的结晶和经验的总结，对后人的认识行为有着巨大的指导意义。正因为如此，文化的传承才变得有必要，才得以最终实现。

（二）共同性

文化是全人类所共同创造的，又为全人类所享有和继承，因而文化具有人类共同性。物质文化以物质实体反映人对自然界进行的利用和改造，因而具有非常明显的人类共同性。这种人类共同性同样存在于制度文化、行为文化、心态文化中。例如，科技发明先进的管理方式等，已经成为全人类共有的文化；人们对杰出艺术作品的欣赏是超越国籍的；正确的观念意识、道德规范会得到人们的普遍接受。由此可以看出，文化具有共同性，这也是人类的共同性所决定的。

（三）符号性

如上所述，文化是后天培养习得的，是可以传承的。无论是习得还是传承，文化需要借助符号来实现。人本身就是一种"符号动物"，人类最富有代表性的特征就是符号化的思维和行为。人类创造的文化世界，从实质上来说是一个人类创造的"符号的宇宙"。人类在文化创造的过程中，不断地把对事物的理解、世界的认识、现象的意义、价值的认识转化为一定具体的、可感知的行为形式或方式，使这些具体的行为形式或方式具有一定的象征意义，这就构成了文化符号，逐渐成为人们生活中必须遵循的习俗或规则。习俗或规则由人类创造也受其制约。人类所创造的文化符号主要分为语言符号和非语言符号两种。

---

① 韩德英：《文化翻译的多重视角探究》，中国原子能出版社2018年版，第3-4页。

第一，语言符号包括两种：口语和书面语。口语传递主要是指文化的传承是经过一代代人口口相传或者实践的，对于老一辈的文化传统，年轻一代通过学习和交际来继承。对于书面语言的文化传递，世界上所有国家和民族几乎都会在羊皮纸、竹简或纸张上以书面语的形式进行记录，因为羊皮纸、竹简或纸张等介质易保存可以长时间传承，今天我们可以借助浩瀚的历史文献或书籍，对自己国家和其他国家丰富多彩的文化进行了解和学习。

第二，非语言符号是指除语言之外的各种信息传递形式，如手势、面部表情、肢体动作等，这些信息都具有特定的文化内涵。从广义的角度来看，一些物化的文化载体，比如绘画、雕塑、照片等也包含在内，同样的，非语言符号也包含戏剧、电影等，主要是因为以上这些都在某种方式上体现着文化的内涵。比如，北京故宫不仅有很多具有典型中国古代建筑风格和特色的古建筑，而且还保存着我国历史上众多朝代帝王留下的大量文物、古董字画、服饰珠宝等，这些是一代代传承的物化的中华文化，是中华民族宝贵的财富。

（四）规则性

文化具有规则性，一方面，文化的核心信息来自历史传统，它具有清晰的内在结构，并有其自身的规律；另一方面，文化作为一种架构，包括各种外显或内隐的行为模式，并通过这些行为模式来引导或约束个人的行为，促使某种既定行为或准则得到社会上大多数成员的自觉遵守，在此基础上将社会成员的思想与行为等纳入群体共有的价值目标，并借以抵御异文化的渗透。也就是说，每种特定的文化都具有维护其持续性与稳定性的内在力量，以保持该种文化的相对稳定性。文化的某些方面，如思维模式、行为交往方式、价值取向等，是相对稳定的、不易改变的。例如，对美国的价值观所进行的研究表明，与两百多年前相比，美国在20世纪90年代的大多数文化价值观并没有发生太大变化。

（五）动态性

文化在不同时代的表现也有所不同，这展现了文化的动态性特征，文化处于不断发展变化中。世界是不断发展变化的，文化处于世界之中，受其影响也不断发展变化。文化从产生到不断发展，因为地区或民族的生存空间是不完全封闭的，所以，没有任何一代人的文化可以被下一代完全、彻底地继承。后代继承的并不是以前全部的文化，而是舍弃一部分继承了一部分又增添一部分，这就形成了一定时期内特定的文化。文化在其他文化的相互碰撞、交流中，在社会历史事件的冲击下不断变化和发展。因此，我们必须用发展的眼光看待文化的发展，不可因循守旧。

（六）民族性

文化的民族性具有根本性质。文化的民族性全面表现在文化的各个层面，绝不止于生活方式。民族性最深刻的文化表现是心理的、精神气质的和思维方式的。我国古代楚民族（楚人）与中原汉族的生活方式是大体一致的，"文化内容各方面的共性"（如语言文字等）也大体相同。但中原汉族的哲学家、文学家、诗人却绝对写不出《老子》《庄子》也写不出《楚辞》来。中原文化素以正宗心态为精神支柱，所谓"吾国泱泱，威震八方"。与中原文化作一对比，就可以看出因荆楚地缘政治、地缘社会与历史背景之不同而形成的楚民族性之不同，进而表现出来的楚文化特征。民族地缘社会、地缘政治构成了一定时期特定的历史背景，在经过长时间的升华、积淀后形成了民族特有的思维方式、民族文化精神气质、心理特征，这也正是文化翻译的实践课题、重大理论。

（七）传承性

民族文化特征一旦经历了历史的整合，就会形成一定的"格局"，这便具有了"整体性"。在这个民族（或社会）中，此时的文化特征可以延续千秋万代，成为一种稳定的遗传信息，这就是文化所具有的传承性。在语义解码和文本解读中，文化的延续性、传承性是重要的突破点。

（八）流变性

民族文化虽然具有稳定的遗传信息量，但这种遗传信息量只是相对的，传承可能中断。文化的流变性发展充分地表明"文化"实际上是一个开放系统而不是"封闭系统"。

文化本身具有某种"自我校正机制"。一方面，某些被认为具有文化传承性的习俗、价值观念、信仰在孤立状态的文化模式中可能处在"平衡"或"均势"中，停滞不前。另一方面,而且是更加不能忽视的一面是在文化体系内部可能产生一种恒常的方向性"文化流变",冲击文化的稳定性,包括观念、信念、信仰、生活方式等。

文化流变性对翻译学的意义是不言而喻的。很多古籍文本到今天之所以难以解读,根本原因在于文化流变。文化在发展过程中促使原有文化序列中断,导致典籍文本中的意义难寻。《天问》就是一个典型的例子。《天问》篇幅仅次于《离骚》,共374句,1565字,是屈原晚年的愤世之作。因此论思想、艺术的成熟程度应不逊于《离骚》。《天问》之所以"文义不次序"(东汉·王逸《楚辞章句》),当然与作者"忧心愁悴"的心境有关系,与屈原因愁悴而采用"奇矫活突"的艺术风格有关系,与"脱简"也有关系。但更重要的原因是文化流变,很多在屈原的时代仍然是家喻户晓的史实、神话、传说、謦史箴言乃至文辞用语、句读句式至秦汉后业已失传,因而导致解读上的困难。

最极端的情况是文化流动性中文化即将消失或完全消失。爱尔兰的民族文化曾经面临着消失的危险,爱尔兰凯尔特文化有着悠久的历史,始于公元6世纪,一直发展到公元1000年,但爱尔兰从8世纪开始就不断被外族入侵。15世纪英国都铎王朝入侵爱尔兰,加之克伦威尔军队在爱尔兰实施的大规模屠杀,类似于种族的灭绝,目的是"英格兰化"爱尔兰文化。盖尔语和凯尔特文化在英语不断渗透下岌岌可危。这促使爱尔兰人产生了越来越深刻的危机感和忧患意识。在此背景下,19世纪爱尔兰爆发了文艺复兴的民族运动,代表人物是奥格雷迪(Standish O'Grady)、乔治·罗素(George Russell)、道格拉斯·海德(Donglus Hyde)、诗人叶芝(W.B. Yeats),这场运动也成为爱尔兰死而复生的时机。

(九)兼容性

人类不同文化形态之间的关系绝不是不可调和的。不同的文化形态之间是相互兼容、相互渗透、相互促进、相互影响的关系,以此达到相得益彰、相互和谐、相辅相成的效果。

关于不同文化形态之间的这种交互渗透、交互促进的关系,文化人类学家R.林顿(R.Linton)对其进行了明确的阐释,如图2-1-1所示。

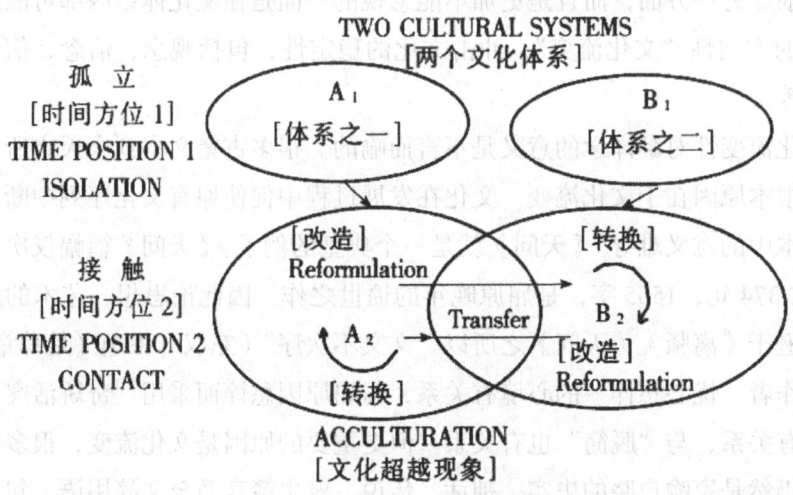

图 2-1-1　文化的交互渗透

A_1 与 B_1 交互作用（即转换 transfer）的时间方位不在"孤立"而在"接触"，可见文化接触是文化发展的关键。当然，转换结果在大多数情况下是积极的，"改造"是对原型的提升，但也可以是消极的，即 A_2 与 B_2 具有对抗性，也就是所谓"外域文化的干扰性"，严重的对抗可以导致处于弱小地位的文化消亡。

在翻译学中，文化兼容具有特殊的意义，因为译者处于一个多文化、多语言的复杂环境之中，文化与语言之间是相互影响的，所以译者不能只看到变化而忽视兼容性，不能仅仅看到差异而忽视同一性。文化翻译表现论的重要基础是文化兼容性。

第二节　翻译的可译性与不可译性

一、翻译的可译性

（一）可译性的前提：语言文化的普遍性

虽然使用不同语言的人对客观事物的认识会各有其不同的认知特征，但是他们的认知依据，即物质基础是相似的，这种相似性可以使他们在各自的头脑中构成一个基本相同的概念系统框架。从语言学的角度来说，这个"概念系统框架"就是语义结构。从宏观角度上来看，语码意义的解释和表达对语义学中"语义三角"关系的讨论有所涉及。在"语义三角"中，相较于事物而言，观念是认知关系；对于观念而言，语言是表达关系；对于外在事物而言，语言是语义关系。观念是一种存在的符号标记，一直存在于人的心灵中，语言是观念的符号标记，使观念外化，并可以通过语言与他人进行交流。因此，无论是语言还是观念，在人类认识世界的活动中，二者都在构建人类知识中成为具体运作的中介。除此之外，人类与其他动物有所区别，从宏观的角度来说，在知识的建构与认识活动中，人类均享有交际的需求，语言是观念的外化，在一定程度上意义的表达也具有相似的地方。值得一提的是，这里的语言指的是在哲学层面上的单数和复数语言，与此观点相类似的讨论还有维特根斯坦的"家族相似"观点。语言在使用的过程中需要遵守相应的规则，这就是所谓的在哲学层面上语言共性的"家族相似"。就语言而言，它们之间的"家族相似"表现为语言的同质性。

1. 相似的经验世界

事实上，从哲学的角度来看，语言无论是"家族相似"还是观念外化的符号，都为讨论翻译中的可译性提供了相应的条件，因为人类知识和思想的形成过程与共同的经验的形成过程是一致的，均是对外在世界的体验，所以具有可译性的逻辑基础。

共同经验是所有知识的根源和基础，而共同经验的建立则以指示为主。指示是一种行为，是言语的来源。第一，人类的知识来自共同的经验；第二，语言或概念形成的基础是共同的经验；第三，共同的经验是一种"指示"行为。事实上，这也是在对"语义三角"的关系进行阐述和解释，但它的重点是解释观念形成过程。共同经验是言语的起源，这也为我们明确了语言与外在世界的关系。语言的指示功能使得人类可以与他人分享关于外在世界的体验，这促进了观念成为一种共同的意谓，也就是说，人与人之间的相互交流与合作正是因为共同意谓成为可能。共同意谓主要着眼于哲学层面，指的是同一外在世界人与人之间对其的体验和理解。我们如果在具体概念上做相应的替换，也就是说，在翻译的过程中，译者与原作者间存在共同意谓。译者在进行翻译行为的时候，需要面对文本中所涉及的同一外在世界，这就会出现共同体验，不同的是对于共同体验和共同意谓有着不同的表达方式。如果我们在具体的概念上做相应的替换，在翻译过程中原作者和译者之间有一个共同的意思，因为他们在翻译过程中所面对的是文本所指的同一个外部世界，必然有上述共同体验，区别只在于这种共同的经验和共同的意义的不同表达。

实际上，翻译的可译性也隐含在翻译本身的语言条件中，因为翻译这个过程本身就是一种语言行为。一般来说，对不同语言进行转换所涉及的语言的差异主要体现为：语形差异、语音差异和语义差异，还会涉及方块文字与拼音文字的不同、拼读规则的差异、不同语言中不同的音位体系的差异，对实在内容意义值的不同语词、语句和语句组合的不同表达方式的差异。以汉语和英语为例，二者属于不同的汉藏语系和印欧语系，不论是在词汇上，还是在语音、语法等方面都有巨大的不同。

2. 共同的生理与心理语言基础

世界上已经查明的语言、方言就高达 5651 种，经过语言学家确认的独立语言有 2790 种。语言建立在人类共同的生理和心理之上，因而，存在相似之处。

不同的人类语言属于不同的语系或语族，实质上，语言符号与其所指对象之间具有随意性的联系。然而，人类语言产生的共同生理和心理基础会对各种词汇、语音和句法结构的创造进行限制，要求创造必须在人类生理和心理允许的范围之内。与此同时，针对人类普遍存在的生理局限性，如记忆力有限和语言习得速度的限制，为了对语言习得的效率进行提高，每一种语言需要在词汇、语音和句法的各种可能性组合中选择出数量有限的语素、音素、语法结构类型、组合方式，保证使用者可以在较短时间内掌握语言，完成语言的习得过程。当然，人类具有巨大的潜能，加之生理与心理的特点可以学习和掌握任何一门语言，甚至多门语言，有着较强的外语能力和语际交际能力。因而，人类在生理和心理上的共性组成了翻译行为的机制和物质基础。

3. 共同的语言功能基础

人类所使用的语言具有大致相同的功能，因此，各个民族间才能进行交流与合作，才能和平共处。为了在世界上生存下去，人类一方面要与大自然作斗争，一方面要与其他人和平相处，在这样的情况下，语言是最为有效和便捷的交际工具。因为人类基本上处于相似的生态环境之中，他们的行为目标基本相同，在生活中也有许多相似的经历和感受。具体来说，人类都有衣食住行的需要，都会经历生、老、病、死，都会有七情六欲，都试图对人类面临的类似难题进行论述和解决。因此，人类语言的主要功能基本上是相同的。

（二）可译性限度的调节机制

人类社会处于不断进步的状态，全球化进程的不断推进，各民族之间文化联系与交流不断得到加强和深化，语言之间的接触必然会加快脚步。文化的渗透性可以制约文化的民族局限性，扩大文化的共性。相对于封闭的社会文化，开放性社会文化更能为语言表达提供最大程度的包容。这一过程中，文化渗透起着非常积极的作用。从长远发展的角度看，世界分离的多元化终将成为过去。尽管世界文化一体化的进程很慢，但已是历史的潮流。在这样的背景下，语际的交互渗透拥有了得天独厚的生态条件和生态环境，人们会随之提高自身的审美水平与审美素质，跨越语际转换中的可译性限度障碍，实现不可译性向可译性的转化。

科技的发展进步和人类社会的不断开放，必然导致相对封闭的语言系统被打破，相对封闭的语言系统不能如之前一般孤立地、自发地发展，但很难使语言发生彻底的变化。尽管如此，在日益频繁的民族交往中，作为交际手段的语言不可避免地相互接触，外来语言异化会不断影响着本土语言，这终究会导致语言相似度不断增多。如果在历史上，两个民族就已经长期接触，那么他们的语言会比较接近，有很多共同点，比如英语和法语。然而，不同语言之间的本质区别依旧存在。

另外，由于文化的民族性即个性特质将长期存在，作为文化主要载体的语言之间的差异性也将长期存在，因此英汉语言之间的某些可译性限度也将长期存在。

总而言之，翻译是跨文化交际的桥梁，翻译一方面是对语言符号的转换，另一方面也是一种文化转换模式。随着全球化进程步伐的日益加快，文化间出现越来越多的趋同与融合，文化融合逐步缩小了语言文化间的距离，从而大大增加了语言的可译性，从整体上减少了翻译的难度，文化融合的程度越大，语言的可译性就越大。另外，虽然语际转换中的确存在着许多难以逾越的障碍，但是，我们应该看到，正是这个"难以逾越"的概念范畴给翻译理论（特别是方法论）研究留下了很大的发展空间。只要我们充分发挥翻译工作者的能动性和创造性，充分发挥翻译理论的职能，任何翻译障碍都是可以解决的，因此，翻译中的不可译性在整体上也是相对的。

二、翻译的不可译性

（一）不可译性概述

所谓不可译性，是指翻译中存在限度问题。语言与文化是紧密相关的，语言是文化的载体，如果没有语言，那么文化也不能存在。不同语言、不同文化存在着明显的差异，而这些差异性的存在必然会影响民族间的交流，这时候翻译就成为交流的必要手段，但是翻译中的一大难点就是源语文化相对于译语文化的差异性的翻译问题，简单来说就是社会距离的问题。社会距离越大，翻译的难度也必然会增大，这就导致了很多不可译问题的出现。

（二）不可译的类型

1.语言的不可译

语言层面的不可译主要表现为：一是语音，二是字形，三是词汇，四是句法，五是文体风格。

（1）语音上的不可译

任何语言都有自己的语音系统，是其他语言无法替代的。比如，在语音规律上英语和汉语存在着显著的差异，甚至有些语音现象在另一种语言中没有与之对应的形式，这非常容易出现语言的不可译性。英语是一种集单音节、双音节、多音节于一体的语言，一般不像汉语那样工整，在英语中也没有声调的变换，只是有单纯的、简单的语调的变化。与之相反的是，汉语是单音节语言，一般较为工整对仗、平仄有序。同时，汉语中不仅有语调的变化，也存在着复杂多变的声调变化，这是汉语的语音特征。

因此，如果使用英语对汉语中的工整的诗词进行翻译，在英语中找到相类似的押韵语句很难实现，即使可以，也是需要借助增加辅助性的词语或者省略部分词语来实现，但是这样的话就失去了原文的含义。并且，方言、口音也是翻译中的难点，文学作品常常会有方言、口音的出现，通过发音展现文翰素质与内涵，在英语中找到能与之对应的词汇和手法是非常困难的（例2-2-1）。

例 2-2-1

东边日出西边雨,

道是无晴却有晴。

The west is veiled in rain, the east enjoys sunshine; my gallant is as deep in love as day is fine.

原文中,"晴"是"情"的谐音双关,但是下面的译文明显没有将这一双关的修辞体现出来(例 2-2-2)。

例 2-2-2

吃葡萄不吐葡萄皮,

不吃葡萄倒吐葡萄皮。

Don't spit out the skin when you eat grapes, and spit out the skin if you don't eat grapes.

原文是汉语中尽人皆知的绕口令,下面的译文虽然翻译出了原文的内容,但是很难让人理解,这样的句子怎么翻译都很难将原文的奥妙翻译出来,也很难让读者理解。

(2)字形上的不可译

英语是表音文字,而汉语是表意文字,因此两者在书写上存在着明显的差异,致使两者在字形上也存在着不可译(例 2-2-3)。

例 2-2-3

人曾为僧,人弗可以成佛。

该例运用的是一种拆字组句技巧,人与曾组成"僧",人与弗组成"佛",体现了汉字方块字的特色。但是如果对其进行转译是非常困难的,因为不管如何翻译,都很难保证汉语的字形特征。

此外,很多时候修辞效果与源语的语义也是很难同时保留的(例 2-2-4)。

例 2-2-4

Name no one man.

在该例中,no 和 one 的尾首字母相同,并且从字母 o 向两侧展开,这是一种非常对称的回文修辞手法,但是如果想翻译成汉语,且要保证语义对等,那么修辞对等就几乎不可能了(例 2-2-5)。

例 2-2-5

It was a splendid population-for all the slow, sleepy, sluggish-brained sloths stayed at home。

在该例句中，运用了五个以 s 开头的词押头韵，即 slow, sleepy, sluggish, sloths, stayed, 这五个 s 的使用使得语音、字形、语义相结合，将作者对其的厌恶深刻地传达出来。但是，将其翻译成译入语就很难实现这种音、形、义的结合了。

（3）词汇上的不可译

语言中，词汇是概念的载体，而概念往往与一定的经验有关。由于人们的价值观念、思维方式、风俗习惯存在不同，他们的一些经历可能是相同的，也可能是不同的，而在语言中反映这些不同的层面时会产生一些不对称的词语。例如，单词 bank 可以代表"银行"或"河岸"。如果有明确的语境，在很多情况下可以区分两者。然而，如果一个词，其歧义本身就是一个功能上的相关特征时，那么它就是不可译的（例 2-2-6）。

例 2-2-6

"Realize themselves, Amoeba dear", said Will; and Amoeba realized herself, and there was no small change but many checks on the bank where in the wild time grew and grew and grew.

这一段文字是关于变形虫（Amoeba）的，其中使用到了 bank 一词，但是这一词在文中的意思是将"银行"与"河岸"相结合，是双关语。但是，很明显这在汉语中是不可能实现的，不可能将其比作"银行"，又将其比作"河岸"，二者是不可能合二为一的。

（4）句法上的不可译

在句法结构上，英语和汉语有明显的差异。与此同时，由于英语和汉语的亲缘关系较远，它们的差异就更大了。在英语中，连接通常依赖连接词，并经常伴随一些从属成分，如补语、状语、定语、从句等。"葡萄型"结构就是对英语句法结构的称呼。相较而言，汉语的句法结构是比较短的，通常由一个接一个的短句组成，不需要连词，是一步一步展开的。"竹竿型"结构是对汉语句法结构的称呼。在进行语言的转换时，需要在保持语义对等的前提下，保持句型结构显得非常的困难。

(5)文体风格上的不可译

在写作中,人们需要遵循的体裁格式就是文体。风格主要是指依托于文体,对不同语言的特色进行运用。从宏观的视角来看,风格包含:各种体裁、民族特征、个人特征、时态特征等。文体风格主要体现在语言特征上,因此,造成了不可译的现象。值得一提的是文体风格并非是完全不可译的,也存在可译的情况,但在这样的情况下可译性的限度很大,文体方面的东西,比如韵律、诗句、咬文嚼字等很难进行转译,所以我们在这里把它们视为不可译(例2-2-7)。

例2-2-7

寻寻觅觅,冷冷清清,凄凄惨惨戚戚。

I've a sense of something missing I must seek.Everything about me looks dismal and bleak. Nothing that gives me pleasure, I can find.

以上选自李清照家喻户晓的《声声慢》,在开始通过七对叠字对作者的思想感情进行表达,感情的层次是逐层递进的,不断深入的,展现了独特的艺术效果和独有的文体风格。但是,英语将词的意义进行明确、清晰的表达,出现了明显的语句不自然的现象,很难使读者与原作者感同身受。因此,这种文体风格是不可译的。

2. 文化的不可译

文化层面的不可译现象具体来说主要表现在以下几点。

(1)词汇空缺造成的不可译

在英语和汉语中,有些词的概念意义是母语者所熟悉的,而对于非母语者而言是非常陌生的,因此对于概念意义非母语使用者很难理解,理解内涵意义更加不可能。这是因为在非母语者的民族文化中这些词语所传达的一些概念是不存在的。这被称为"词汇空缺"。

词汇空缺现象在英语和汉语中都很普遍。例如,嬉皮士(Hippie)是美国文化的特殊产物,产生于1960年,主要指的是在社会中存在一些对社会不满的人,他们身着奇装异服,采用与众不同的形式进行生活,比如留有披肩发、酗酒、吸毒等。在汉语中与之相对应的表达是不存在的,汉语将其翻译为"嬉皮士"只是对"嬉皮笑脸"含义进行了传达,但是,现实是源语所要表达的内容与实际的翻译并不相符。

同样,汉语中也存在很多词语是英语语言(国家)的人非常陌生的。例如:

阴阳（Yin Yang）、气功（qigong）等，其中"阴阳"一词源于道家学说，认为世界万物都是相生相克的，有着"阴"与"阳"两面，"气功"一词是中国的养生之法，这在《老子》《庄子》中都有记载，这两个词对于西方人来说是非常难以理解的。这是因为中西方在价值观、哲学思想上存在着明显的差异，这两个词很难在英语中找到与之对应的词汇。

（2）指称词语造成的不可译

指称词语的冲突主要在两个方面有所体现：语义文化的冲突和语用意义的冲突。首先，语义文化的冲突指的是在语际层面转换时，文化信息符号所包含的文化内涵在转变时发生了冲突。通常来说，将某种文化信息符号忠实地转化为另一种语言符号，这就在一定程度上实现词语的相同的指称意义，但是有着不同或者完全相反的内涵意义（例2-2-8）。

例2-2-8

泰山北斗

Mount Tai and the North Star

显然，在该例子中，实现了指称意义的对应，但其所承载的语义信息却丢失了。"泰山北斗"在源语言中指的是一些品德高尚的人，但翻译时根本没有表现出其固有的文化信息（例2-2-9）。

例2-2-9

望子成龙

To expect one's son to become a dragon

这个例子中，译文完全逐字逐句地翻译，中国读者可能很容易理解，因为在中国人眼里，"龙"是尊严和权力的化身，是中华民族的神圣之物，这个物象具有典型的文化色彩。然而，在西方人眼里，龙是邪恶的化身，是怪物。因此，将"龙"直接翻译成dragon，很容易引起西方读者的误解。

其次，语用意义冲突主要指的是在进行语际层面的转换时，词语文化信息符号在转换中会产生冲突。

三、不可译性转化成可译性的补偿手段

对于语言与文化两个层面的不可译性情况而言，可以从整体角度出发，不局

限于语言与文化因素的本身，通过补偿手段来将单独不可译的内容整体翻译出来。具体来讲，可以采用以下三种手段：音译、借用和转换位置。

（一）音译

一种语言中存在的词汇在另一种语言中无对应成分时，就会出现语义空白。在语义空白的情况下，原文语言与译文语言的差异最大。因此，直接从形式或语义入手比较棘手，而音译则被认为是较为可行的手段。特别是人名、地名以及一些表示概念的词（例 2-2-10）。

例 2-2-10

武术——wushu

磕头——koutou

荔枝——litchi

引擎——engine

马达——motor

沙发——sofa

（二）借用

在翻译的过程中，有时候会出现这样的情景：原著使用的语言和译者的语言有些同义习语，这些同义习语所蕴含的意义不仅相同或相近，而且在用法上所预示的形象或比喻也相当的接近。遇到这种情况，翻译时可直接互相借用（例 2-2-11）。

例 2-2-11

隔墙有耳——walls have ears

英语中有 walls have ears，两句字、义两合，借用恰当，再如（例 2-2-12）。

例 2-2-12

火上浇油——to add fuel to the flame

A miss is as good as a mile.——失之毫厘，谬以千里。

（三）转换位置

转换位置可以说是一种"整体补偿法"。原著中所使用的词语有时代表着该文化中的特有事物，译者在翻译的过程中无法从译文中相应的选择表示该事物语义的词语,在这种情况下,译者可以结合原文上下文,从译文中选取一些大的范围的词语来替代原文中的语义,实现译文与源语的基本对等。这在翻译中属于常见的现象,对于语言层面的不可译与文化层面的不可译都适用(例 2-2-13)。

例 2-2-13

Able was I ere I saw Elba.

上述例句是一个回文句,前后读意思顺序都一样。有位名家将其意译为:"不见棺材不落泪"。意思大抵相似,但没有了回文的趣味。而马红军先生译为:"落败孤岛孤败落"。可见,马红军先生的翻译形神兼备,堪称补偿法的典范(例 2-2-14)。

例 2-2-14

人曾是僧,人弗能成佛;女卑为婢,女又可称奴。

上述例句中,台湾译界名人钱歌川认为此联"绝不能译"。30 年后,北大教授许渊冲将其译为:"A Buddhist cannot bud into Buddha ; A maiden may be made a housemaid."许渊冲先生当然是译意,不是译字,是神似,且大体形似、妙趣横生。

第三节　文化视角下翻译中的常见问题

一、文化等值与欠额问题

翻译不仅是语言的交流,更是深层次的文化交流。翻译的最高境界是追求文化的等值。由于文化差异这一客观因素始终存在,导致在翻译的过程中时常会出现文化内涵的缺失或不等值传递,进而引发了文化欠额问题。接下来本文就对文化等值与欠额问题进行分析。

（一）文化等值问题

等值论的观点最早是由美国学者奈达提出的。奈达针对《圣经》的翻译提出了如下论点:翻译有两种对等,一种是形式对等,一种是功能对等。形式对等侧重于语言本身的信息,包括形式和内容;功能对等强调的是翻译的效果,即译者是否准确地传达了原著的思想,读者是否正确地领会了作者的精神。在翻译的过程中应将重点放在功能对等上，注重原文的内涵，相反，如果译者对于形式对等过于关注，进而忽视功能对等，就会出现文化信息欠额。

1. 文化等值的类型

就文化等值的类型而言，具体包括零等值、部分等值和假性等值三种情况。

（1）零等值

零等值指的是原著中使用的词语代表着本文化所特有的内涵，译者无法从译文语言找到相对应的表示该特殊含义的词语。例如，in one's birthday suit 这一词语，如果仅看字面含义是"穿着生日的服装"，但在英语中这个词语有着更加深刻的文化内涵，代表着"赤身裸体"，这种表达对汉语来说就属于零等值。同样，汉语中"戴绿帽子"这个词语在本文化中也表示着特殊的含义，英语中的 wear a green hat 这个词语无法准确地传达该词语的汉语内涵，这种表达在英语中也属于零等值。

零等值现象的产生受多种因素的影响，其中历史内涵的独特性和习俗内涵的特殊性是最主要的影响因素。

①历史内涵的独特性

世界上任何一个民族都不是凭空出现的，都是在历史长河中逐渐发展起来的，在漫长的历史中形成了自己独特的语言和文化。语言是文化的载体，承担着本民族深厚的文化底蕴。这些有着深厚历史文化内涵的词语，在另一种语言中往往处于零等值的状态。如果不了解原文语言所隐含的文化内涵，仅采用直译法来翻译原著，必然会造成文化内涵的缺失（例 2-3-1）。

例 2-3-1

国破山河在。

译文 1：The State is destroyed; hills, rivers remain.

译文 2：Though a country be sundered, hills and rivers endure.

"国破山河在"这句唐诗出自《春望》，作者是唐代著名诗人杜甫，该诗的写作背景是安史之乱。唐朝中期，唐玄宗在位时，胡人将领安禄山、史思明率领部下发动叛乱，攻陷了当时的国都长安。唐廷军队无法抵御叛军，唐玄宗被迫逃离京城。诗句中的"国"并不是指全部疆土的沦陷，而仅指国都长安，"山河"也不是字面上所指的自然界中的山川河流，而是代指国家政权和疆土。译文 1 中将诗句中的"国"翻译为 State，将"山河"直译为 hills，rivers。译文 2 中将诗句中的"国"翻译为 country，"山河"的翻译依然为 hills 和 rivers。这样的翻译只不过是形式对等，却无法体现原文的思想和内涵，也无法正确地传达原文的含义。因此，此诗句译为 "Though the capital be occupied, the state still remains." 更妥。

②习俗内涵的特殊性

在悠久的历史长河中，不同生存环境下的民族在相应的自然环境中形成了最适合本民族生活的一系列规制和习俗。这些规制和习俗在语言中的表现就是各具特色的表达方式。在本民族中有着特殊寓意的表达方式，在另一种语言中就处于零等值状态。例如，英语中有 goat 这一词语，表示着"好色之徒"的意义，汉语中则用"色狼"这一词语来表示相同的含义。又如，对于那些对娱乐感兴趣且举止不够端庄的女人，英语中常用 butterfly 这个词来表达，而汉语中则用"水性杨花"这个词来指代那些举止轻浮的女人。通常，简单的直译会造成习俗文化内涵的缺失（例 2-3-2）。

例 2-3-2

做中人的卫老婆子带她进来了，头上扎着白头绳。（鲁迅《祝福》）

Old Mrs. Wei the go-between brought her along. She had a white band round her hair...

汉语中的"白头绳"是一个具有习俗内涵的文化词语。"白色"在汉语文化中有表示哀丧情感的色彩，而在西方文化中"白色"能够则代表着纯洁。在汉语文化中如果已婚女子的丈夫去世后，女子需要头戴白头绳表示哀悼。因此原文中的"白头绳"并不仅仅是一种头饰，还隐藏着哀悼的含义。如果不了解这层含义，简单地将"白头绳"直译为 white band，很显然就丧失了这一文化信息，读者也无法正确地领会作者想要表达的感情色彩。如果译为 white mourning band，则能更好地传达原有的习俗文化内涵。

（2）部分等值

部分等值是指原文中使用的语言表达了一种特定的文化内涵，译文中的某些词语可以部分地表示这种文化内涵。比如，汉语中的"孤儿"和英语中的 orphan 就是部分等值。汉语中的"孤儿"有两层含义，一是可以表示没有父亲的孩童，二是可以表示父母双亲都已不在人世的孩童。英语中的 orphan 也具有两种含义：① a child who has lost both parents；② someone who lacks support or care or supervision。可以看出，英语①义与汉语中失去父母双亲的孩童的语义相同，而英语②义在汉语中找不到对应项，同样汉语中失去父亲的孩童在英语中也无法找到相对应的词语。因此可以说，英语中的 orphan 与汉语中的"孤儿"属于部分等值关系。

汉语和英语中的称谓系统就是典型的部分等值。称谓语是一个民族的历史文化积淀，不同的民族在称谓语上蕴含着不同的文化内涵，彼此之间有着明显的差异。中国的传统文化植根于宗族制度的土壤中，称谓语中也能寻找到宗族制度的踪影，比如中国的称谓系统更加的庞杂，以父系（直系血统）称谓为主干，以母系和妻系（姻亲）称谓为补充。相比较于汉语中的称谓系统，英语中的称谓系统比较简单，所以很多汉语称谓与英语称谓只是部分等值（例 2-3-3）。

例 2-3-3

她从堂哥家出来后就去了表哥家。

译文 1：She went to another cousin's family after she left her cousin's family.

译文 2：She went to her maternal cousin's family after she left her paternal cousin's family.

在中国的宗族观念下，relatives 分为具有明显亲属关系的"亲"和"戚"。原文中的"堂哥"是父亲的侄子，属于父系称谓系统。而"表哥"是母亲的侄子，属于母系称谓系统。很明显，译文 1 并没有传递出原文应有的文化信息，译文 2 则处理得比较恰当。

例 2-3-4

My maternal grandfather was cut off in the flower of his youth at the age of 67, but my other three grandparents all lived to be, over 80.

（Bertrand Russell: How to Grow Old）

译文 1：我的外公在他 67 岁时去世，这是他风华正茂的年龄，而我的另外三个祖父母都活过了 80 岁。

译文 2：我的外公是在他 67 岁时去世的，这是他风华正茂的年龄，而我的祖父、祖母和外祖母都活过了 80 岁。

如例 2-3-4 所示中译文 1 将 my other three grandparents 译为"我的另外三个祖父母"，很容易让译文读者误解，因为在英汉语言中，"祖父母"所传递的信息是不同的。在汉语中，"祖父母"属于直系血统关系，"外祖父母"属于姻亲关系。

因此，译文 2 将其译为"我的祖父、祖母和外祖母"既准确传达了原文信息，又符合汉语读者的思维习惯。

（3）假性等值

英汉语言中有些词汇虽然字面意义相同，其内涵意义却不同，这就给人造成一种表面上等值的现象，即假性等值的现象。

早在 1957 年，萨瓦尔（Savory）就在《翻译的艺术》一书中提出了假性等值的概念。假性等值的出现是因为不同文化群体在风俗习惯、文化背景等方面的差异导致人们所使用的语言在指称、引申与联想等方面出现的差异（例 2-3-5）。

例 2-3-5

大江东去，浪淘尽，千古风流人物。

（苏轼《念奴娇·赤壁怀古》）

译文 1：The Yangtze River runs towards east into the sea, the rolling waves are gone with many gallant heroes in history.

译文 2：The Yangtze River witnessed the running on of Chinese history and myriad remarkable people (with its rolling waves).

"风流人物"在汉语中是指才华横溢、洒脱不拘的俊杰，相当于英语中的 remarkable people。译文 1 将"风流人物"译为 gallant（a man who is much concerned with his dress and appearance or who attends or escorts a woman），其含义是"注重服饰和追逐讨好女性的男人"。很明显，"风流人物"与 gallant 虽然字面意义接近，却缺乏内涵上的等值，二者之间是假性等值的关系，将"风流人物"译为 gallant 显然是曲解了原文含义。译文 2 的处理比较妥当，准确传达了原文意思。

2. 翻译中的文化等值

翻译是语言之间的桥梁，语言又是文化的载体，可以说翻译承担着文化之间互相交流沟通的责任。简而言之，翻译不仅仅是从一种语言转化为另一种语言，更是不同文化之间的转换。对于翻译与文化之间的关系，翻译界的学者大都进行过研究探讨。

英国翻译理论家泰特勒（Tytler）在《论翻译的原则》一书中提出了著名的翻译"三原则"，其具体内容包括下面 3 点：

①译本应该完全转写出原文作品的思想。

②译文写作风格和方式应该与原文的风格和方式属于同一性质。

③译本应该和原文一样流畅、自然。

翻译过程中最重要的是能够准确地传达出原文作品的思想内容，原文的思想内容不仅包括原文的信息，同样包括文化信息。

奈达在《翻译科学探索》中指出，"对一个译者来说，由文化差异引起的问题比语言结构差异引起的问题要多而且更为复杂"，这就将翻译过程中的文化问题放在十分突出的地位。

丹尼尔·肖（Daniel Shaw）在《跨文化翻译：翻译中的文化因素和其他交际任务》中开宗明义地研究了翻译中的文化问题。在丹尼尔看来，准确地理解原著的表层结构和深层结构是翻译的前提和基础。原著中语言的形式特征属于表层结构，所谓的深层结构就是原著中的各种文化因素，即作者的价值观和世界观。表层结构和深层结构是相辅相成的关系，表层结构是深层结构的外在表现，深层结构是表层结构所要表达的真正意义。对于译者而言，翻译的根本任务就是将源语的深层结构准确无误地传达出来。

综上所述，文化翻译应坚持"得其精而忘其粗，重其内而忘其外"的原则，并以文化内涵信息的对等为根本目标（例 2-3-6）。

例 2-3-6

赵爷今年五十九，两个儿子，四个孙子，老两个夫妻齐眉，只却是个布衣。

（《儒林外史》第 17 章）

Dr. Zhao is fifty-nine this year and has two sons and four grandsons while his wife has grown old with him, he is still an ordinary citizen.

（杨宪益、戴乃迭译）

在汉语文化中，"布衣"的本义是指一种面料。同时，由于平民生活俭朴，常穿粗布衣服，"布衣"渐渐被引申为"平民"。若将"布衣"直译为"coarse clothes"，则只能体现出"布衣"的本义，却很难体现"赵爷"的社会地位。译文使用"ordinary citizen"，准确地表达了原文的文化内涵。

总之，文化翻译应避免简单的字面转换，减少文化欠额，努力实现文化信息的等值。为实现这一目的，译者应超越文本形式看内容本质，把握不同文化之间的差别与联系，采取灵活的处理手段，以便真实、完整地传递源语中的文化信息。

(二)文化欠额问题

由于文化差异的客观现实,在翻译的过程中出现"丢失"是常见的现象,但这并不意味着对于"丢失"采取视而不见的态度,而是要设法将其减少到最低程度。生活在不同区域中的不同民族由于生活环境的差异,产生了不同的宗教和风俗习惯,生长在不同民族的人在思维方法和价值观念上也有着很大的差异。习语作为文化中的特有词语,不仅在语义上有着多重性的特点,而且在民族色彩和文化内涵中也有着很大差别。在翻译过程中,出现习语的意义和笔调风格理解错误是不可避免的,由此引发了欠额翻译和超额翻译。英国学者彼得·纽马克在《翻译问题探讨》(*Approach to Translation*)一书中已提及欠额翻译和超额翻译。所谓欠额翻译指的是原著中的词语代表的意义和内涵要大于译文语言的的词语中意义和内涵的现象,或者译者不能正确理解原文文化内涵,对于作者想要传达的思想也未能准确地领悟,因而翻译出来的作品无法完全传达原文信息、风格和感情色彩。乐金声也对欠额翻译做如下定义:"欠额翻译是译者无视译文的理解性与可读性,或过高地估计译语读者的知识,以至于译文读者在译语中得不到理解原文意思所必需的信息,因为原语信息被忽视或被打了不应有的折扣。"[①]

接下来以英语习语翻译为例来探讨欠额翻译。

1. 欠额翻译产生的原因

造成英语习语欠译的原因很多,可从以下三方面加以剖析。

(1) 英汉文化内涵的差异

翻译是一门复杂的社会交际活动,涉及不同语言、不同文化、不同社会间的沟通与交流。中国文化和英国文化从根源上就是完全不同的。英国文化可以追溯到希腊文化、罗马文化及《圣经》,属于多元什锦文化;而中国文化是生长于中华大地的人民在几千年的历史进程中形成的、独具特色的文化体系。中国文化和英国文化之间的差异是极大的,不仅体现在两个民族的宗教信仰、道德观念上,而且中国人和英国人的思维方式和生活方式也有很大差异。这种文化冲突在跨文化交际中表现为翻译上的语义空缺。从语用学的角度来说,这种"语义空缺"是无法弥补的;从翻译学角度看,这类语义空缺是文化冲突的必然,特别是翻译文化含量较高的英语习语时,文化间的差异更加的明显,导致民族色彩、形象及联

---

① 乐金声:《欠额翻译与文化补偿》,《中国翻译》1999第2期。

想意义的损失，欠额翻译就在所难免。如："Cap in hand, he asked the support of the Congress."仅从字面来看，"cap in hand"的意思是手里拿着帽子，如果对英国文化有一定程度的了解，就会明白该词组的深层含义是恭恭敬敬的举动。如果简单地翻译成"他手里拿着帽子请求国会议员给予支持"显然不妥，故宜归化为："他恭恭敬敬地请求国会议员给予支持。"但此处译文依然没有准确地表达出作者的思想感情，和原文相比逊色不少。又如："The study had a Spartan look."按照字面的翻译为：这房间有一种简朴的景象。这种简单粗暴的翻译方法使原语民族色彩丧失殆尽。因为在英语文化中，Spartan是古希腊的重要城市，居住在此地的斯巴达人（Spartan）以刚勇、简朴、吃苦著称于世。如果在翻译的过程中舍弃Spartan（斯巴达式）这一富含民族色彩的词语，那么将无法精准地传达出作者的思想，因此可以翻译为"这房间有一种斯巴达式的简朴风格"。可见文化差异对习语翻译会产生很大影响。

（2）英汉认知环境的差异

翻译中对源语文化形象究竟是保留、放弃还是转变，一方面要考虑目的语读者的文化习惯思维方式以及知识、经验，另一方面也受斯珀泊（Sperber）和威尔逊（Wilson）提出的认知环境的制约。从认知语用学的角度来看，"认知环境是人们在语言交流中所追求的语境效果赖以实现的根本条件。一个人的整个认知环境是一套他所能认知的或通过推理可获知的全部事实"①。如"as timid as a hare"单纯的字面解释为"像兔子一样胆小，"结合中国人的语言表达方式，这句话应翻译为"胆小如鼠"。"hare"在英语中对应的含义是兔子，在西方人的心目中，兔子是胆小鬼的代名词。而在我国，兔子代表的是机敏，老鼠才代表着怯懦和胆小。类似的还有laugh off one's head（笑掉大牙），look for a needle in a haystack（海底捞针），like a donkey in a lion's hide（狐假虎威）。

（3）英汉语言系统的差异

英语和汉语的语言系统也是不同的。英语属印欧语系，是一种表音文字，以26个字母为语言基础，侧重形合；而汉语则属于汉藏语系，是一种表意文字，以象形文字为基础，句子的构成具有结构松散灵活的特点，侧重意合。因此在翻译英语习语时要对形合结构的理解和转换多加关注，只有正确地理解了习语才能准

---

① 冉永平、莫爱屏、王寅：《认知语用学》，上海外语教育出版社2005年版。

确地翻译。如："Time and tide wait for no man." 如果仅按照字面含义，将这句话翻译为"时间与潮流不等任何人"，这种译法属欠译或误译。因为"and"在这句话中并不是说前后两个词之间是并列的结构，而是发挥着明喻的特殊形式，因此翻译为"时间像潮流，不等任何人（或时间如流水，岁月不等人）"更合适。又如："Neither armies nor treasures are the safeguards of the state, but friends." 这句话是著名的英国谚语，如果直译为"军队和财富都不是国家的卫士，而是朋友"稍显啰唆。考虑到英国谚语短小精悍、言简意赅的特性，在翻译的过程中，也应保留其特点，因此可译为"睦邻友好胜过勇士和财富"。再如："People are more convinced by words than by blows." 如果直译为"人们更相信的是你的语言而不是吹嘘"就无法体现英语的特点，可改译为："言语比棍棒更能说服人。"

2. 欠译的补偿方法

（1）释义法

乐金声指出："释义法不是逐字逐句移译原文，而是直接向译语读者解释原语词句在上下文中的意味，用译语习语和文化真实地再现原文信息的一种手段。"[①] 释义法能有效地消除由中英文化差异而带来的理解障碍，减少译文对原文可能造成的损失（例 2-3-7）。

例 2-3-7

I wonder whether he is a Trojan Horse.

译文 1：我不知道是否他是个内奸。

译文 2：我不知道他是不是一匹特洛伊木马。

译文 3：我不知道他是不是特洛伊木马（内奸）。

"Trojan Horse"出自希腊神话，是指特洛伊战争时期，希腊人为了赢取胜利特意制作了一个大木马，希腊士兵藏在木马之内，之后希腊人故意将木马留在了特洛伊城外，特洛伊人以为希腊人已经退兵，兴高采烈地将木马作为战利品带到了城内。藏在木马内的希腊士兵趁机与城外的士兵里应外合攻破了特洛伊城。此习语常用来告诫人们提高警惕，谨防打入内部的敌人。译文 2 直接使用了"特洛伊木马"这个词，一般读者看到这里可能会有疑问，因为并不是每一个读者都了解这个典故；译文 1 属释义，但未能转化或再现源语的形象；故译文 3 为佳译，

---

① 乐金声：《欠额翻译与文化补偿》，《中国翻译》1999 第 2 期。

即释义法加注释,这是一种有效的补偿方法。

有些习语流传得并不广泛,即使译者运用适当释义的直译方法,读者仍然无法正确地领会其含义。面对这种情况,在译文后再加注释来补偿就再好不过了。如:"The goalkeeper is the heel of Archilles."。"Archilles"(阿喀琉斯)是荷马史诗中的希腊英雄,传闻阿喀琉斯英勇无比,刀枪不入,踵部是其唯一的缺陷,在特洛伊战争中,因为踵部中箭而亡。因此该句可翻译为"那守门员如同阿喀琉斯的脚踵,是该队的致命缺陷"。有些习语牵涉的背景比较复杂,在翻译的过程中,如果过多地解释习语的背景,注释就会显得冗长繁杂,这种情况下,采用直译加注释法,翻译效果就会更好。而且随着跨文化交际的不断深入,大多数汉语读者对于英语习语的理解不断深入,同时这种异化译语又赋予汉语新表现法、新词汇。

(2)归化与异化,直译与意译有机结合

翻译并不是件容易的事情,它既要考虑读者的思维习惯,又要领会原文作者的思想感情,在综合考虑文章的上下文含义及读者需求的基础上,选择最佳的翻译方法。这样既准确表达原文信息,又能最大限度地保持其"洋味"和"异味"。如若把"keep off the grass"异译为"远离草坪",感情色彩稍显中立,无法准确地表达出艺术约束意味和命令意味,因此归译为"请勿践踏草坪"更加恰当。英语和汉语这两种语言的思维方式的差异是特别显著的,大多数情况下,英语的表述比较委婉,极少能看到命令性的词汇,表示禁止和强烈的命令时,通常用 don't 或 no;汉语思维习惯则恰恰相反,习惯于用直接方式表示,在汉语中经常能看到"禁止""请勿"这样带有命令意味的字眼。又如:"Two heads are better than one."。若归译为"三个臭皮匠胜过诸葛亮",译文很符合中国人的思维习惯,朗朗上口,但对英国人而言则很难理解,有望文生义之嫌,可异化为"一人不及两人智"或"一人计短,两人计长"更为贴切。

二、文化错位

由于生活环境和文化背景的差异,人们会根据自身的习惯和价值观来联想和解读某一文化事物或者现象,这种站在各自立场上的文化解读存在着显著的错位性差异。这种认知联想和解读方面存在错位性差异的现象就是文化错位(例 2-3-8)。

例 2-3-8

一个中国人邀请他的外国朋友来做客,并且带这位外国朋友参观了他收藏的古董家具。

中国人:"这个是唐朝的桃木心桌子。"

外国人:"oh, Good!"

中国人:"这是清朝的桧木椅子。"

外国人:"Oh, very good!"

中国人:"这是我家珍藏的象牙筷子,真材实料哦!"

这位外国朋友心中泛起了疑惑,为什么中国的东西最后都要带个"子"字呢?

这时中国人的太太端茶走了进来。这位外国朋友看到了妻子手上戴着一只精美的手表,为了夸奖赞美这只手表,外国朋友现学现卖,赶紧说:"wow~好漂亮的表子(婊子)!"

这个例子是因为文化错位(cultural mismatch)而引起的。由于受哲学理念、历史因素、生产方式和生活环境等的影响和制约,文化具有鲜明的民族性、地域性和历史性特色。在一定文化背景下成长起来的人们,对该文化圈内的事物或者现象具有明确的认知和表达,而对另外一个文化圈内的事物或者现象就缺乏一定的认知常识,在跨文化交际过程中,人们习惯用自己已有的认知常识来辨别、理解其他文化圈内存在的事物或发生的现象,这样很容易产生误解、误表达。例如,有人将中文里的"干货"(晒干、风干的果品、谷物等)译作 dry goods,其实,英语里对 dry goods 的解释是:textiles or clothing and related merchandise,即"纺织品",与原意相差太远,要与原意相当应该译作:merchandise of dried fruits, nuts or grain。同样,sweet water 是"淡水"而不是"糖水",Indian Summer(a period of unusually warm weather in the autumn)是"秋季的小阳春天气"而不是"印度的夏日",等等。

而同一客观事物或者现象,在不同文化里可以有不同的指称方式,可以蕴含不同的情感定位、价值观念、规制取向,也可以引起不同的内涵联想,即使在同一种语言中,词语文字或者读音相同,其内涵意义也会存在差异,甚至有时意义相反,这就是文化错位。

文化错位大体包括指称错位、情感错位、类比错位、思维错位和习俗错位等。

(一) 指称错位

对一个民族来说，人们往往有自己的事物分类标准，用自己熟悉的事物来借指其他的事物。例如：汉语"玉兔东升"中的"玉兔"实借指月亮（the Moon），与字面的 Jade Rabbit 相距甚远，"旗袍"是中国女性所喜爱的一种漂亮的侧面开衩的裙袍（Female Side-Furcal Robe），也与字面的 Banner Gown 不符；同样，英语 Merry-widows 实指 female straitjacket（女用的紧身衣），而非"快乐寡妇"，等等。

指称错位是指在不同的文化环境下，相同事物或者现象在语言上存在指称概念的错位性差异。例如，汉语中的"龙"和英语中的"dragon"，前者是中国古代传说中的一种有鳞有须能兴云作雨的神异动物，象征吉祥，《说文》中说："鳞虫之长，能幽能明，能细能巨，能短能长。春分而登天，秋分而潜渊。"饶炯注："龙之为物，变化无端，说解因着其灵异如此，以能升天，神其物，而命之曰灵。"而后者在英语里是 "A mythical monster traditionally represented as a gigantic reptile having a lion's claws, the tail of a serpent, wings, and a scaly skin"，是凶恶的象征。

指称错位往往是由地域的差异和社会历史差异造成的。地域的差异往往造成指称含义相同而表达形式不同，或者表达形式相同而指称含义不同等错位差异。例如，同样表示通过非法途径来获取的收入，汉语中是"灰色收入"，而英语中是"illegal income"。而英语中的 grey (gray) income（即 income from moonlighting）是指人们在正职工作以外的合法工作收入，如晚上加班或者第二职业收入，与汉语中的"灰色收入"所指不同。

1. 指称含义相同，而表达形式不同

自然环境的不同孕育出不同的生活方式，由此带来了历史沿革、文化价值的差异。即使表示相同含义的指称词语，不同的文化中的表达方式也是各不相同的。例如，在汉语中的"姑娘"和"小伙"，在泰语中叫"胖胖（音）"和"短短（音）"。在英语中总统夫人叫 "the first Lady"，而在汉语中称作"国母"。

再如，high school 并不是字面意义上的高等学校，而是指美国的中学。在英国，则有 secondary school 这个词来表示英国的中学。同样 service station 也不是字面上所说的服务站，而是给汽车加油及简单维修的地方，换句话说就是修理站、加油站。restroom 也不是休息室，而且是浴室、厕所的委婉说法。

文化错位现象不仅出现在不同的语言体系中，即使是同一语言也会因地域的不同，导致指称含义相同，而表达形式不同的错位现象。例如美国和英国都以英语为母语，在表述上也有着差异性，如"比赛"这个词语，美国的表述是game，英国的表述则是match；美国人用cookie来表示"饼干"，英国人则用biscuit来表示"饼干"；"人行道"在美国的表述是sidewalk，在英国的表述是pavement；美国人用check来表示"账单"，英国人用bill指代"账单"。

2. 表达形式相同，而指称含义不同

不同的地域环境，也会带来表达形式相同，而指称含义错位的差异。如日语和汉语中都出现了"娘"这个字，虽然形式相同，但含义上却相差很远，日语中的"娘"指的是"女儿"，汉语中的"娘"指的是和母亲同一辈分的女人。

即使在同一种语言里也会存在含义错位性差异。以英语为例，美国人使用的英语和英国人使用的英语，即使含义相同也存在明显的表达错位差异。有这样一个例子，有一个美国人邀请一个英国人去看电影，说："Let's go to the picture show at 2 tomorrow afternoon."结果美国人在电影院门口一直没等到英国人的到来。之后才得知，英国人去画展馆门口等了，原因是美国英语中的"picture show"表示的是"电影"，而英国英语中的"picture show"表示的却是"画展"。

再比如，曾经有位英格兰作家去美国拜访一位作家朋友，这位美国作家热情款待了英格兰作家，为了表达谢意，英格兰作家想赞美一下女主人。当时女主人穿着很朴素，他便说："You look homely tonight."他本以为女主人听到她的赞美会很开心，结果女主人脸上立马露出不悦的神情，态度也不像刚才那样亲切了。英格兰作家觉得困惑不已。后来，他了解到原来是自己在说话时用词不当造成的。"homely"在英国英语里表示"朴素的，平凡的"，但是在美国英语里则是"丑陋的"含义。由此，女主人由热情转变为冷淡的态度就可以理解了。

《静夜思》是唐代诗人李白的著名作品，"床前明月光，疑是地上霜。举头望明月，低头思故乡"。对于诗中的"床"许多中外翻译家都直译为"bed"，这种翻译是错误的。"床"并不是唐朝人睡觉时的地方，"卧榻"才是唐朝时期的人睡觉的地方，宋代岳珂《桯史》的"卧榻之侧，岂容他人鼾睡"就是证据。在中国传统文化中，床帷是隐秘的物件，一般放置在房间后方离窗较远的位置。这与西方人或者现代人将床放置在门旁或者窗前是很不同的。部分精通中国传统文化的学者以为"床前明月光"这一句诗似乎不太符合逻辑，于是采用"couch"来翻译该诗歌中的"床"。其实，唐朝时期的"床"是指在住屋外的水井的围栏，因此，诗中的"床"译作"well fence"才是正确的。

3. 表面含义相同，实质含义不同

语言的含义往往与一定社会环境存在密切的联系，由于社会环境千差万别，因而含义所指也会存在差异。比如，在西方社会里，酒吧（bar）只能喝酒，不提供任何瓜果点心；而在中国，酒吧、茶肆既提供酒、饮料茶水，又提供瓜果点心。

（二）情感错位

在跨文化交际中，这种情感倾向往往会造成情感的错位。

情感错位是指在不同的文化背景环境下，人们对相同事物或者现象所依附的情感存在错位的现象。

情感错位包括两层含义，一方面是微观层面的情感错位，另一方面是宏观层面的情感错位。

微观层面的情感错位是指人们对具体事物的情感倾向的错位。比如颜色，中西方对颜色就存在着情感错位的现象。中国人认为红色是喜庆的颜色，西方人则认为红色代表着危险。中国人认为白色代表着哀伤，是丧色，西方人却认为白色才是喜庆的颜色。中国人认为黑色预示着端庄，在西方社会中黑色则代表着丧色。在中国人看来，黄色是富贵的颜色，对于西方人来说，黄色则是怯弱的颜色。再如，对动植物的情感也出现错位现象。如中国人喜爱作为报喜鸟的喜鹊，厌恶作为不祥预兆的乌鸦，在西方社会里却相反，magpie（喜鹊）是令人厌恶的多嘴多舌的人或物，而 crow（乌鸦）则是一种吉祥鸟，相传 crow 能将冤死者的灵魂带回来，让他复仇。在植物方面，如柳树在中国人眼里是婀娜多姿的美女形象，而在西方社会里 willow（柳树）是被情人遗弃或者失恋的代名词，另外，worn the willow 在英语里是指妇女为死去的丈夫守节守寡。

宏观层面的情感错位体现在价值观念上的差异，受深层的哲学理念的影响，中国和西方国家对相同事物或者现象的情感倾向差异将导致价值评判标准的差异。中国人的情感往往内敛而含蓄，通常以对方为中心来考虑问题，强调共性；而西方人的情感往往外露而直白，通常以自己为中心来考虑问题，强调个性。

这种情感倾向的差异主要表现在待人接物上礼貌原则的差异。北京大学的顾曰国先生归结出中国人在言语交际中的礼貌五准则，即贬己尊人准则、称谓得体准则、文雅谦逊准则、求同存异准则、德行一致准则；英国语言学家利奇（Leech）归结出西方人在言语交际中的礼貌六准则，即得体准则（Tact Maxim）、慷慨准则（Generosity Maxim）、赞誉准则（Approbation Maxim）、谦逊准则（Modesty Maxim）、一致准则（Agreement Maxim）和同情准则（Sympathy Maxim）。①

在跨文化交往中，由于情感倾向的差异而引起的错位现象屡见不鲜。比如回答表示态度的问题，英美人的习惯是根据答语本身的实际情况来选择，而汉语则是根据对方的问话情况来进行选择。例如一个外国人邀请一位中国官员携夫人参加他举办的家庭宴会，刚进门，主人就用"look beautiful"这样的词语来夸奖该官员的夫人，该官员本来想谦虚地表述"哪里哪里"，说："Where? Where?"主人愣了一会儿，只好说"Everywhere"。结果弄得双方十分尴尬。这个例子反映了文化错位的影响。在通常情况下，中国人在面对别人的夸奖时，往往表现出谦虚的样子，口头上说"哪里哪里"等客套语，而西方人在面对别人的夸奖时，往往是坦然地接受，口头上说"Thank you"等感谢语。

汉语的这种思维习惯表现出中国文化更注重人际关系的建立与维持。中国人通常以关心对方的事务为中心，因此，常常问一些对方的衣食住行问题或者其他客套的话语；而西方人通常以关心对方的心情和赞美对方的外表、能力等为中心，问及的问题往往远离个人衣食住行问题。例如，中国人在接见客人时，往往以关心对方的身体劳顿状况为中心，如"您（工作、旅途等）辛苦了"等客套语；而西方人通常则问及对方的心情，如"Do you have a good time (trip)"等。

应酬语的表达有显性的"语言信息意义"和隐性的"情感信息意义"，其内容在于"情感意义"的传达。中西方在应酬语的表达方式上存在着明显的差异（例2-3-9）。

例 2-3-9
    A：谢谢！
    B：这是我应该做的。
    如果译作：
    A：Thank you.

---

① 任林芳、曹利娟、李笑琛：《中外文化翻译与英语教学研究》，世界图书出版公司2017年版，第60页。

B: It's my duty to do so.

只是表现了原文的语言信息意义,这样,给人的感觉是被动帮助别人,而非自愿。

如果译作:

A: Thank you.

B: It's my pleasure. 或者: I'm glad to be of your help.

表现了情感信息意义,给人的感觉是主动帮助别人。

再如,英语句子"There was nothing mass produced about the school, but if it was individualistic, it also had discipline."(Agatha Christie: Cat Among the Pigeons)中的 mass produced(批量生产),在注重个性的西方文化里具有贬义的色彩,这与强调集体主义和数量规模的中国文化价值观正好相反。因此,原文应译作:"这所学校在人才培养方面并不注重共性,但如果说是强调个性的话,那也是有限制的。"

(三)类比错位

类比错位是指由于文化背景的差异,不同文化群族对自然和事物的熟悉程度以及所依附的情感存在一定的差异性,因而,用于借指比喻的事物所表达的含义也有一定的区别。类比错位主要表现在类比物的错位和类比含义的错位。

1. 类比物的错位

由于自然和社会背景的差异,生活在东方的中国人和生活在西方的欧美人所接触和熟悉的事物是明显不同的。例如生长在平原地区的中国人以农业为主要的生产方式,长期的农业劳作使得中国人的类比多与农业相关的动植物、生产工具、天气现象和饮食等相联系。西方人的居住环境以山地为主,相对比较狭小和单一,最初西方人以畜牧业为主要的生产方式,之后逐步过渡到工业,由此西方人的类比物多与牧业、工业相关。在类比物依附的感情上,东西方文化之间有着显著的差异。例如,在英语中,pigheaded 是"固执的,顽固的"的意思,相当于汉语中的"犟驴",而与汉语中的"猪脑子、笨瓜"相应的英文表达是 ass,例如,What an ass I am!(我真蠢!)

在英语里,人们常常用乐器来做声音的类比物,而汉语里往往用动物来做声音的类比物。

2. 类比含义的错位

在英汉语言中，人们往往用借喻的形式来表达某种含义，这种含义往往是人们借助于熟悉的事物来传达的。在不同的文化里，相同的类比却具有不同的含义。如果不了解这种差异性而简单地直译，往往会造成含义理解上的错位（例 2-3-10）。

例 2-3-10

The girl tried to keep away from the boss for he is like a goat.

译文一：那个女孩设法躲避那位老板，因为他像头山羊。

译文二：那个女孩设法躲避那位老板，因为他是个色狼。

在英语中，goat 是用来指凶狠的坏人，后来人们用来喻指好色的男人，而在汉语中，羊是温顺的代名词，指凶狠或者不讲情义的含义的往往用"狼"，如饿狼、色狼、狼心狗肺等。

（四）思维的错位

有这样一个例子：在一列从德国的法兰克福开往巴黎的火车上，一个德国人、一个日本人和一个中国人，坐在了同一个车厢里，中途一位客人走入了这节车厢。这位客人手里端着一个鱼缸。进入车厢后，他将鱼缸放在了空座上。看到这个鱼缸，德国人率先提出了他的问题："您能告诉我这鱼的名称吗？它在生物学上的类别及有哪些特征？它们在科学上的意义又是什么？"日本人也提出了问题："请问这种鱼我们国家能不能引进？根据日本的气候、水温、水质，这种鱼能不能生长？"中国人问："这种鱼是红烧好吃，还是清蒸更好吃一点？"这表明了三种不同文化思维方式的特点。

就思维方式而言，东西方民族存在着不容忽视的明显差异。

东西方的思维差异主要表现为：以"观物取象、立象尽意、设象喻理、取象类比"的东方具象思维与以"以个察群、观物成思、借思成理"的西方抽象思维的差异；受各自传统文化的影响，形成"重综合"的东方文化整体思维与"重分析"的西方文化分析思维的差异；从自身到自然宇宙的东方本体思维和从自然宇宙到自身的西方客体思维的差异。

语言是思维的工具，也是思维的轨迹，不同文化背景的人们的思维习惯和思维特点，必然会在语言形式上有所表现。由于受思维差异的影响，语言表达上必然存在一定程度的思维错位。具体表现为时空思维的错位、逻辑思维的错位等。

1. 时空思维的错位

时间观是人们在长期社会实践中自然形成的。人们的时间观一旦形成，便深深地潜在思想的深处，制约和支配着人们的言行。

中国由于地大物博，传统文化也强调大局观，主张行动时要从大处着眼。文学作品的叙事顺序通常按照由大到小、由整体到局部的原则，普通人在交谈时涉及时间、地点及姓名时也往往遵从由大到小的习惯。英美文化恰恰相反，相较集体主义，他们更看重个体的发展，看问题的角度也是由小到大、从个体到整体。

中国人灵活性强，侧重于研究过去，因此中国人往往是由远而近、由大而小、由先而后的聚拢型归纳式思维方式。西方人时间的概念是直线式的，对于过去、现在和未来有着清晰的分界，更多地关注未来的发展变化，因此西方人往往是由近而远、由小而大、由后而先发散型演绎式的思维方式。以时间的表述顺序为例，中国人在表述时间时通常的习惯是"年、月、日"，而西方人的计时顺序是"日、月、年"或者是"月、日、年"。

这种时间观念上的差异往往会导致跨文化交际中的时间观念、空间观念的错位。

2. 逻辑思维的错位

中国作为一个东方国家，受其文化的长期影响而形成了由散到聚的归纳式逻辑思维方式，西方国家受其文化的长期影响则形成了由聚到散的演绎式逻辑思维方式。

（五）习俗的错位

言语交际的特点之一是交际双方对词语的含义应有共同的约定，这是双方实现沟通的基础。受民族和文化等条件的制约，不同文化背景下的人对于同一事物往往有不同的理解和感受，甚至面对同一事物有时会产生截然相反的评价，这成为跨文化言语交际的重要障碍。

习俗是一个民族在长期发展的过程中形成的规范人们行为的准则。习俗具有鲜明的民族特色。例如，在韩国，人们能说"我母亲"，但不能说"我母亲大人"，因为按韩国的习惯对自己的母亲不能用敬辞；而在中国，对长辈都需要用敬辞。

中西的自然环境、社会环境及其文化渊源差别很大，因而形成了各自特色的习俗。例如，在个人形象方面，西方人比较注重个人仪表，有约定俗成的适用不同场合的服饰规则，而在中国没有特别的服饰规则；在待人接物方面，西方人在第一次见面时习惯于主动进行自我介绍，办公事凭名片证明自己的身份，而中国人往往在已知对方身份的前提下才主动进行自我介绍，办公事需持公函或者单位介绍信，分宾主位次落座；在称谓方面，西方人以平等对称为主，职衔称谓为辅，而中国人往往强调职权，以职衔敬称为主，平等对称为辅；在问候礼仪方面，西方人往往以时间、天气等为媒介来问候对方，礼品偏重纪念意义，而中国人往往以关心对方的身体、实务等个人事务为媒介来问候对方，礼品偏重实用，并强调双数和寓意，等等。

中国人的姓名习惯是姓在前，名在后。西方人的姓名习惯则是名在前，姓在后。这种习俗差异常常导致翻译的错位。

对于已婚妇女，汉语中常用的表达为"某夫人"，"某"指的是她的姓。古典名著《红楼梦》中就有很多这样的例子，如贾宝玉的母亲为王夫人，迎春的母亲为邢夫人等。因为中国姓氏是具有宗族性文化内涵的标志，不可更改，因此在我国妇女死后立墓碑时只写"X母Y氏之墓"的习俗沿用至今。在西方文化中，称已婚妇女为"X夫人"其中的"X"是指她丈夫的姓。在西方人看来，女性出嫁前应该跟随她父亲的姓氏，出嫁后则改随丈夫的姓氏。

（六）翻译中二次错位

在跨文化交际中，有时会出现这样的现象，交际的双方互相站在对方的立场上传递、接收、理解信息，人们常常用自己国家或者民族的文化规约或交际规则去适应对方的文化规约或交际规则，即甲方为了尊重乙方，认为应该遵从乙方的文化规则，而乙方却认为甲方是外国人，在交往时自己的交往规则不适用于甲方，应该从甲方的角度出发来开展交往，从而导致翻译中文化二次错位的发生。

三、词汇空缺问题

词汇空缺是翻译中经常遇到的现象，也给翻译带来了不小的阻碍，接下来就对词汇空缺问题进行简要探讨。

(一)词汇空缺的概念

文化的差异反映在词汇层面就形成了不同民族语言的个性之处,即在这个民族中耳熟能详的词汇在另一个民族中却不存在,其他民族对于这些词汇的概念意义和内涵意义完全不了解,这种现象就是"词汇空缺"(lexical gap)。词汇空缺指由于各民族之间文化的差异,一种语言中表示特有事物或概念的词语或语义在另一种语言中找不到对等成分,从而形成异族文化的空缺。

词汇空缺是一种普遍的文化现象。例如,英语中有 strong point 和 weak point,但汉语中只有"弱点",而没有"强点"的说法。反过来,汉语中有"长处"和"短处"之说,而英语中有 shortcoming 的说法,但却没有 longcoming 的说法。

词汇空缺势必会给两种语言的转换和文化的交流带来一定的困扰,所以在翻译过程中要注意这一现象,并有效采用一些补偿策略。

(二)词汇空缺的原因

词汇空缺现象普遍存在于英汉两种语言中,要解决翻译中的词汇空缺问题,首先有必要了解导致词汇空缺现象的原因。以下内容简要分析词汇空缺产生的主要原因。

1. 社会风俗差异

英汉民族的社会风俗习惯是千差万别的,反映在语言上,就使得英汉语言有着各自的特点与个性,进而导致语言上的词汇空缺。例如,中国有很多传统节日,而且节日风俗各不相同,除夕"守岁",清明"扫墓",中秋"吃月饼"等,这些具有浓厚中华文化色彩的词语在英语中根本无法找到相对应的表达。在英语中也存在很多反映民族特色的词语,如万圣节孩子们玩的 trick or treat,感恩节人们准备的 turkey,在汉语中也没有相对应的表达方式。

2. 地理环境差异

不同民族所处的地理环境是不尽相同的,在这个民族中反映地理环境的词汇在另一民族中可能完全不存在。例如,在汉语文化中有"泰山"这个词汇,常用来比喻德高望重的人,由此引申出了习语"有眼不识泰山",如果按照字面意思将其直译为 have eyes but fail to see Taishan Mountain,"泰山"一词的内在文化含义就丢失了,英语读者会产生疑问,为什么有眼睛却不能看见泰山呢?如果不注意文化背景,直接按其字面意思进行翻译,将会使读者不知所云。

3. 价值观念差异

不同的民族在价值观念上也有着很大区别，主要体现在思维方式、家庭观念、语言表达等方面。儒家文化在中国传统文化中占主导地位，受儒家文化熏陶的中华民族十分讲究谦让有礼，汉语中有很多的谦辞，如"寒舍""鄙人""拙见"等，在英语中很难找到相对应的表达。英美民族崇尚自由，体现在语言上则表现为表达直接。

当然造成词汇空缺的因素远不止上述几个，这里不再一一说明。

（三）词汇空缺的翻译难点

1. 双语信息空白

词汇空缺的其中一种表现为双语信息的偏差，即一种语言中所特有的词汇在另一种语言中为空白。对于这种情况，译者在翻译时很难找到相对应的表达。例如，在汉语文化背景下，表示"携带"意思的动词有着不同的说法，如"提"包、"挑"柴、"挎"篮、"拎"桶等。但英语中则没有如此详细的划分和说法，表示"携带"意思的词语只有 take、bring、carry、fetch，并且与汉语表达不完全对应。同样，通过上文例子也可以看出，英语中也有很多词在汉语中是空白的。

2. 文化内涵不同

词汇空缺还表现在文化内涵不同，即这个民族语言中所使用的词汇在另一个民族中能找到相对应的词语，但是这两个词语所蕴含的文化信息却是截然不同的。译者在翻译的过程中要特别注意这种情况，如果在翻译的过程中忽视这一点，就会出现文化信息的丢失情况，甚至有可能引发文化冲突。比如，中国语言中有"熊"这个词汇，在中国人看来，熊是一种行动缓慢、相貌呆傻的动物，对于那些反应不够机敏的人，人们经常会使用"熊样"这个词语来形容。而 bear（熊）在西方人看来则是一种凶残的动物，用来指代那些鲁莽的人，如 like a bear with a sore head，as cross as a bear 表示"脾气暴躁"。可见，文化内涵的不同也会给翻译造成一定的影响。

四、文化视角下译者的主体性问题

（一）对翻译主体的探讨

近年来，翻译界对"翻译主体"这一问题进行了深入的讨论，围绕以下两个问题,不同的学者提出了不同的看法。

1. 翻译主体的不唯一

目前国内学者对翻译主体的认知也不尽相同,其观点主要有以下几种。

有的学者认为,文学翻译的主体是人,即作家、译者和读者,源作和译本都是他们的创作客体。当然,在翻译过程中,译者在这三者中间处于中心位置。

有的学者认为文学翻译的主体除译者外,还包括读者和接受环境等。

还有的学者认为,翻译活动主要涉及作者、译者、译文、原文读者和译文读者,因此他们都是翻译主体。

2. 翻译主体的唯一

国外不少学者认为,翻译的主体就是指译者。法国的安托瓦纳·贝尔曼（Antonio Berman）就是其中一个代表,他认为,翻译批评的理论研究和具体实施的出发点都必须以译者为主体,译者的翻译动机、翻译目的、翻译立场、翻译方案等使译者成为翻译活动中最为积极的因素,并成为翻译活动中的主体。[1]

还有的学者指出,文学翻译包括原作者、源语文本、译者、译入语文本四个最基本的艺术要素,其中译者是最主要的,是与作家平等的艺术创造主体。

有的学者认为,翻译活动是由理解、阐释和再创造这三个环节构成的,三个环节相互衔接,构成了一个循环系统。作者、译者和读者在翻译的过程中处于相对独立的地位但又相互发挥着作用,形成了一个各种因素相互制约的活动场。译者处于这个活动场的中心位置,因此可以将译者视为狭义的翻译主体,而把作者和读者当作广义上的翻译主体。

部分学者指出,如果"翻译主体性"中的"翻译"专指翻译行为本身,那么这个翻译主体就是译者;如果"翻译主体性"中的"翻译"是指与翻译活动全过程相关的所有因素,那么除译者外,还有两个主体,即原作者和读者。

还有的学者指出翻译的主体是人,但这并不是说所有人都可以成为翻译的主体,翻译的主体应具备的最基本的特征就是社会性和实践性。因为只有同时具备社会性和实践性的人才有可能成为实践和审美主体。翻译是译者实现主体价值的一种实践活动,翻译主体理应指从事翻译实践的人——译者。

---

[1] 韩德英:《文化翻译的多重视角探究》,中国原子能出版社2018年版,第32页。

（二）译者主体性的含义与特征

1. 译者主体性的含义

从哲学的角度来说，主体性是指人作为主体的规定性。主体性可以说是主体所具有的最本质的特性，这种本质特性通常在主体的对象性活动中表现出来。主体性最根本的内容是人所特有的主观能动性，由目的性、自主性、主动性等内容构成，其中能动性是主体性最为突出的特征。

译者主体性，是指作为翻译主体的译者为了实现其翻译目的而从事翻译活动，在翻译的过程中表现出来的主观能动性。译者的主体性所具有的特征为翻译主体自觉的文化意识、人文品格和文化审美创造性。为了能够将原作者的思想和感情准确地传递给读者，译者需要在翻译活动中充分发挥自己的主体意识，即译者要根据翻译要求选择恰当的翻译策略和翻译方法，进而展现自身的独特个性。译者主体性，一方面体现在接受源作过程中的主体性，另一方面体现审美在创造过程中的主体性。

翻译界对译者主体性的深入研究，凸显了译者在整个翻译过程中的主体作用。但是强调翻译过程中译者主体性地位，并不意味着完全否定原文作者在翻译中的主体作用，而是体现对翻译活动中多种主体性的认识。我国学者许钧、穆雷认为，主体性的提法很容易陷入夸大主体自我解释的唯我论和独断论，使翻译的解释从一个极端走向另一个极端。① 为了遏制对主体个性的过分张扬，翻译活动要求所涉及的原作者、译者和译文读者等主体之间，建立一种对话式互动的共在关系。在这种关系中，上述三种主体的个体间不是主客对立、改造与被改造的关系，而是相互承认、相互沟通、相互影响的对话的主体间的关系。这种关系能保证交际顺利进行，使翻译活动更加健康地发展。由此，"主体间性"的概念得以产生。

对主体间性的肯定不是对主体性的否定，它是主体性在主体间的延伸。主体间性既包含社会性，也包含个体性。主体间性是对主体性的重新确认和超越，是个性的普遍化和应然的存在方式。译者要积极地与作者、读者及出版者、赞助人等进行交际，协调他们之间的关系，在平等、共生的基础上进行对话、交流，以产出具有生命力的译作。在对自我和他人的认同中，译者才能获得自由的生存方式，获得对生存意义的真切体验，其主体性也才能在真正意义上得到充分发挥。

---

① 许钧、穆雷：《探索、建设与发展：新中国翻译研究60年》，《中国翻译》2009年第6期。

这种不同主体性的互文关系，即主体间性是翻译主体性研究的重心所在。

2. 译者主体性的特征

译者是有主体性意识的，译者在翻译中具有一定的意向性与选择性，翻译是译者主体积极的创造性活动，这些都是文化视角下，译者主体性特征的体现。

第一，在翻译过程中，译者的个人风格、能力和素养甚至观点，通过译者的主体意识或潜意识，采取凝缩、改装或改写等方式，在译文中表现出来。

第二，译者的意向性是在特定的情况下的意图行为。作者创作文本的意图是透过文本来传递自身的情感和意向，作者在创作过程中有时会出现传递多种意向的情况，这就意味着译者在翻译源作的过程中要自主地决定传递哪一种意向。这种对于文本意向选择的过程就是译者主体意向的完美体现。译者在翻译作品时要考虑两方面的因素，一是译者要仔细研究原作者的意图，二是要考虑译入语读者的思维习惯，根据读者的需求对源作进行某种程度的创作。译者的选择性还体现在译者对所译文本的精心选择上。

第三，翻译是译者主体积极的创造性活动，文本通过译者的翻译和阐释在译入语中生存下来。译者翻译作品的过程就是打破时空的限制将源作的思想和文化传递给译入语读者的过程。译者不会原封不动地抄袭源作的语言和文化，而是在仔细研读源作的基础对上源语文本进行取舍，这种大胆选取的过程就是译者对源作的创新。在这样一个崭新的参照体系下，源作在译入语中获得了新生。

第四，译者对译文进行操纵的主要方式就是改写。"文化学派"认为，翻译过程实质上就是译者对源作进行的改写，这种改写反映出译者的意图、意识形态和诗学。如果译者在翻译的过程中忠实于原文语言和文化，表明了译者主体的顺从；相反，如果译者翻译的宗旨是追求翻译中的异国情调和文化他者，则显示了主体具有抵抗意识。翻译实践证明，如果翻译的作品中体现了译者的抵抗，意味着让译者在场，即发挥译者的主体性。

总之，译者主体性作为一个重要的议题被提出，本质上是对以"忠实""对等"的作者主体性表征的质疑。

第三章 文化翻译研究

语言是文化的组成部分,其演变、使用和表达方式就必然受到所处文化环境的影响和制约。跨语际的文化交流通常需要借助于翻译的作用。因此,在翻译过程中,怎样处理文化问题,是每个翻译工作者都不能回避的问题。本章节分别介绍了什么是文化翻译、西方文化翻译观、文化翻译的原则与策略三个方面的内容。

第一节 什么是文化翻译

一、文化翻译的定义

目前,学术界对于文化翻译并没有一个统一且确定的定义,不同的学者基于不同的研究角度对文化翻译内涵有着不同的解释,多层次探究文化翻译的概念可以看作一种视角、方法或者综合文化学、跨文化交际学和文化语言学研究翻译活动的一种思路。

文化语言学为文化翻译提供了认识和操作的具体层面。例如,王秉钦的《文化翻译学》从观念论、行为论和影响论三个方面全面描述了文化翻译,试图构建文化翻译学的学科框架。其中,观念论属于语言的文化心理认知的问题,行为论研究在语言层面进行文化意义的翻译,影响论则研究文化翻译中的跨文化交流。

刘宓庆从翻译对象的意义出发,得出了文化翻译就是文化意义的翻译这一概念。[①] 刘宓庆认为文化翻译有广义和狭义两层含义,广义的文化翻译是指所有文化信息的意义转换,狭义的文化翻译是将各个层次的文化在语言中的意义体现出来。

---

① 赵璐:《基于语言与文化对比的英汉翻译探究》,吉林大学出版社2019年版,第37页。

孙艺风指出，文化翻译这一概念起源于文化研究，是在特定文化内对语言或其他方面进行转换，文化翻译比较关注文化差异及其导致的误读、误解。①

谢建平（2001）从理论的角度研究翻译，强调文化翻译是在文化研究的大框架中考查翻译，认为文化翻译是将翻译置于文化研究的大语境中进行考查，也就是通过研究文化和语言结构来探索文化与翻译的内在规律。②

在译学界的权威辞书《翻译学词典》中，英国译论家马克·沙特尔沃思（Mark Shuttleworth）和莫伊拉·考伊（Moira Cowie）将文化翻译界定为"任何对语言和文化因素敏感的翻译"，这种敏感性包括对原文中文化因素的转述以及基于源语文化对译入语文化词语的解释。

方梦之提出了一种比较综合的定义，他在其主编的《译学辞典》中这样解释文化翻译：一是强调视角问题，关注对文化内涵的准确转达，甚至基于本土文化视角的重新解释，其忠实性主要受译者的双语能力和双语表达差异的影响；二是解释了奈达对文化翻译的定义，当源语的词语无法直接译为译入语时，文化翻译是一种补充，可能是有关源语的背景材料，也可能完全异于源语文化。

蔡平指出，对"文化翻译"的理解可以总结为以下五种。

第一，有关文化内容或者因素的翻译。第二，翻译文化内容的人。第三，从文化的角度考察翻译。第四，一种翻译方法，把一种语言文化的表达方式转换成另外一种语言文化的表达方式。第五，文化与翻译。③

王宁指出，文化是指整个文化系统，文化翻译是使另外一种文化了解该系统中的各个层面，因而文化翻译更倾向于按照一个视角得出的处理问题的原则，认为文化翻译是"阐释性的"，是"一种文化传播和阐释"④。

李建军认为，文化翻译是综合文化学、跨文化交际学和文化语言学研究翻译活动的一种新视角。⑤

包括"目的理论"翻译行为和"深度翻译"等在内的文化翻译理论指出，任何语言都包含很多贴有自身文化标签的词语，文本是在特定的文化中产生的，并且文本因文化不同而有所差异。所以，翻译是语言和文化两个层面的活动。

---

① 孙艺风:《翻译与多元之美》，《中国翻译》2008年第4期。
② 谢建平:《文化翻译与文化"传真"》，《中国翻译》2001年第5期。
③ 蔡平:《对"文化翻译"术语的思考》，《武汉科技学院学报》2005年第9期。
④ 王宁:《翻译学的理论化：跨学科的视角》，《中国翻译》2006年第6期。
⑤ 李建军:《文化翻译论》，复旦大学出版社2010年版，第124页。

二、文化翻译的目的

翻译不仅仅是语言文字的转换,更重要的是文化价值的传递。译者的基本任务就是将原本陌生的文化信息转换为译入语读者可以理解和接受的文化概念和文化信息。

每种行为的开展都有着特定的目标或目的,而每一种行为都会引发相应的结果或影响。翻译也是一种行为,译者从事翻译活动必然想实现某种目的,其最主要的目的是满足使用不同语言之间的群体达到学习和交流的需求。翻译的作用和影响强大而深远,甚至有人认为"不译则亡"。

翻译是一个跨文化语言符号间的动态转换过程,文化是制约翻译活动顺利进行的最重要的因素,翻译作为文化交流的工具与手段,是不同文化间沟通的桥梁。正是由于有了译者的翻译工作,不同民族、不同文化的人民可以学习其他民族和文化中的知识,促进人们对不同文化的理解和吸收,从而推动社会的进步和发展。翻译可以说是推动文化发展的原动力。在世界上,文化传播的较量一刻也没有停止过。

(一)文化的流向和文化翻译倾向

文化是一种意识形态,是建立在经济发展的基础之上的上层建筑。文化存在实力上的强弱之分,不同文化间的交流存在不平等和不对称的现象,通常是强势文化大量向弱势文化的单向输出与传播,而弱势文化则常常处于被动接受状态,通过改变自身来适应强势文化的冲击。

纵观古今中外,文化的传播无不是以经济发展为强大的后盾。我国古代的汉、唐、明等朝代,国力强盛,文化输出和传播的势头强劲,对周边国家有着深刻的影响,如日本语言中至今仍然保留着众多的汉字,韩国、越南也存留有汉语的发音,很多的习俗也在这些国家得以传承。西欧的文明也归功于翻译。西方翻译史学家凯利(Louis Kelly)认为,古罗马时期以来西方文化的发展,首先应当归功于翻译,因为没有翻译就没有古希腊文化在罗马帝国时代的发扬光大,进而也就没有后世欧洲各独立民族文化的充实与发展。[①]

随着政治、经济和科技交流的日益频繁,文化间的相互渗透是不可避免的。

---

① 李建军:《文化翻译论》,复旦大学出版社2010年版,第124页。

翻译实际上是文化转移和输出。世界上的不同民族在不同历史时期，为了达到促进本民族生存与发展的目的，不断地通过各种方式和手段吸纳其他民族文化的精髓，或者向外推介本民族的文化，包括以和平渗透或武力征服的方式来进行文化意识形态的输出。但在一个文化体系内，如果外域文化的输入大于本土文化的输出，外域文化对本土文化的影响大于本族文化对外域的影响，就会改变本土人们的思想观念和现实社会行为，冲击本族文化的根基，最后可能导致本土文化被同化而归于灭失。

当今的美国和欧洲各国，凭借其经济实力，向世界输出和传播其文化，英语成为世界性的语言也为其文化输出和传播文化提供了工具性的便利。欧美文化正在向世界的每一个角落渗透，也正在世界范围内影响和改变着人们的习惯和行为方式。

多元系统论认为一个民族的文学文化地位决定了翻译文学在文学多元系统中的位置和角色。翻译文学可能占据中心，此时它常会打破本国常规，进行创新；也可能位处边缘，此时则强化本国规范，趋于保守。

解构主义翻译理论的代表人物之一——劳伦斯·韦努蒂（Lawrence Venuti）提出了归化翻译策略。劳伦斯·韦努蒂以翻译活动为研究对象，通过长期的研究发现在英美翻译传统中有这样一种现象，即译者在翻译作品时为了迎合译入语读者的语言表达习惯和阅读品味而将保持翻译作品的语言的流畅性作为最高追求。劳伦斯·韦努蒂指出，这种过度追求语言形式的流畅的翻译活动常出现在处于强势地位的文化对弱势文化民族的文学作品的转换中，展现的是强势文化与民族的文化霸权主义和民族中心论，强势民族与文化采取这种翻译策略其目的在于侵吞原文，消除其异国情调。为了消除这种文化交流中的不平等现象，他提出了相对的异化的翻译策略，即在翻译的过程中要尽可能地保持原文的异国特色。

（二）翻译的目的

1. 翻译中译者导向的目的

任何翻译都是为一定的目的服务的。而整个翻译行为的目的是由翻译过程的最高准则来决定的，翻译目的往往是由多方面的因素决定的，如翻译发起人、对原文本的选择及源语文本的性质、译者所生活的时代与社会文化环境、译者的翻译动机等。

译者对翻译具有明显的主观目的性，而这些目的可以通过翻译发起人服务，为适应时代与社会文化环境而表现自己的立场、观点、态度，展示自己的翻译动机等途径来实现。

我们来看一个例子。圆明园遭劫的兔首和鼠首在法国拍卖时被中国抢救流失海外文物专项基金的收藏顾问蔡铭超拍得，蔡铭超在2009年3月2日的新闻通报会上说："当时我想，在那个时刻每一位中国人都会站出来的，只不过是给了我这个机会，我也只是尽了自己的责任。但我要强调的是，这个款不能付。"对这则新闻进行报道需要翻译。特别是蔡铭超的最后一句话"但我要强调的是，这个款不能付"。下文有几个不同的翻译报道。

译文1："But I must stress that I do not have the money to pay for this." he said.

（from BBC News: Monday, 2 March 2009）

译文2："But I must stress that this money I cannot pay." The statement did not specify whether Cai could not pay for the relics because he did not have the money, or whether his inability to pay was for other reasons, such as his conscience not allowing him to buy looted items.

（from AFP News: Monday, 2 March 2009）

译文3：Cai added, "I want to emphasize that the money won't be paid."

（from Hongkong News: Monday, 2 March 2009）

作为新闻，具有明显的导向性。从这几则翻译报道来看，只有香港的新闻报道（译文3）真实再现了说话人的本意，而英国译文1的BBC和法国译文2的AFP（法新社）的报道歪曲了说话人的本意，很容易引起读者对蔡铭超先生的反感。作为记者，不会不理解汉语的表达"这个款不能付"的真实含义的，明显是有明确的导向目的而故意为之的。

2. 为了民族文化保护的目的

为了保护本土文化，很多民族的译者在翻译他国作品时通常对这些外来文化采取"归化"的处理策略。比如，法国人在翻译和引进英国文学作品时，常常会将作品中人物"亲吻式"的告别改为法国"拥抱式"告别，这样不仅方便法国读者理解而且保护了法国的传统习俗。这是因为在法国的传统习俗中，"亲吻"是情侣间才可以进行的,对于普通朋友"拥抱"就足够了。

再比如为了维护英国的传统习俗,英国语言学家霍克斯在翻译中国古典名著《红楼梦》时就对很多涉及中华文化的地方进行了"归化"处理。《红楼梦》中有这样一句话:"巧媳妇做不出没米的粥来。"霍克斯将其译作:"Even the cleverest housewife can't make bread without flour!"。中国人以米作为主食,英国人则是以面包为主食,为了方便英国读者理解,霍克斯对"没米的粥"进行了引进性创造,译作 bread without flour 以适应其本国文化的需要。

对于外来文化,美国人也从本国的实际出发,进行"美国化"的改造。1998 年,美国的迪士尼公司引进了我国的经典故事《花木兰》,并将其制作成动画片在全球播放。迪士尼公司制作的《花木兰》虽然在故事情节上与中国传统故事相近,但是故事的内涵却被打上了鲜明的美国文化的烙印。中国传统故事中花木兰是替父从军,讴歌了花木兰的"孝"。迪士尼中的"花木兰"被涂上鲜明的美国色彩,虽然从相貌上来看花木兰有着东方人的面孔,但是她的行为却充满了美国式的叛逆精神,比如与人拥抱、谈恋爱等,这些举止都是美国人尊崇自由、平等的体现。故事的主题也转变为"实现自我"的形象,片中插曲中的"什么时候我才能展现那个真正的自我"就是体现。

3. 为了文化交流和传播的目的

翻译承担着文化输入和输出的双重任务。就像许渊冲教授在《翻译的艺术》前言中指出的那样:"中国文学翻译工作者对世界文化应尽的责任,就是把一部分外国文化的血液,灌输到中国文化中来,同时把一部分中国文化的血液,灌输到世界文化中去,使世界文化愈来愈丰富,愈来愈光辉灿烂。"①

文化包括两方面的内容,一是文化内涵,二是文化形式。文化内涵与文化形式相辅相成,其中文化内涵涉及思想意识形态方面的传播,包括价值观、人生观,文化形式是语言形态的展现,强调了语言是文化的载体和工具。从这个角度来说,翻译的文化传播可分为宏观目的传播和微观目的传播。文化传播的宏观目的是激发译文读者对原文化的兴趣,使读者能够自觉主动地去了解他国文化,实现主动学习他国文化、接受他国知识的目的。文化传播的微观目的是让读者认识本国语言文字和他国的语言文字是有差异的,只能让译文读者被动地接受和适应。从传播效果来看,宏观目的的文化传播的影响更加深远。

---

① 许渊冲:《翻译的艺术》,五洲传播出版社 2006 年版,第 1 页。

(三)目的条件下的文化翻译

为了达到文化交流和文化传播的目的,需要首先让文化引起译文读者的兴趣,而读者的兴趣是建立在理解的基础上的,一旦有了兴趣,读者会主动去了解和学习相关文化知识。

在进行文化翻译的过程中,首先要注意文化内涵的传真,其次要注意读者的接受能力,最后还要有本土文化的维护意识和传播意识。

1. 为了文化内涵的传真的需要

语言是社会文化的产物,世界上任何一个民族的语言都承载着该民族的文化,民族用于交流的词汇都不是凭空存在的,而是传达着该民族的文化体系和价值观。即使是字面含义相同的词语,在一种文化环境中所包含的文化内涵也不一定等同于另一民族的文化内涵。如汉语中有这样的表达"我的堂表弟兄个个都很高兴",如果简单地将堂表弟兄翻译为 my cousins,显然是不太恰当的。因为中国文化和西方文化是有很大差异的,中国传统社会受宗族观念的影响,对于"宗族"与"戚族"有着明确的区分,和自己出自同一宗族的旁系称之为"堂","戚族"系统里的称为"表"。西方文化中就没有这种差别,对于西方人来说,"堂"和"表"是没有区别的,cousins 是所有同辈亲属的总称,不分男女。因此为了避免文化欠额的发生,将"堂表弟兄"译为 my paternal brothers and maternal brothers 更能准确地传达汉语的文化内涵。

在文化翻译过程中,文化内涵远比文化的表现形式的载体语言本身重要。如果片面追求文化载体的语言形式,可能造成文化误差,还可能出现文化的歪曲和读者的不解。

2. 为了适应读者的接受能力的需要

忽视传播对象的文化认知能力,就很难得到预期的文化传播效果,因为只有熟悉才能产生亲和力,进而激发兴趣和求索的动力。在进行文化翻译的过程中,译者应该对文化接收者进行定位,即确定传播对象,并据此确定翻译标准和翻译策略,对翻译方式做出选择或取舍。

文化交流和传播往往是在转换文化环境的条件下进行的,传播对象自己的文化背景和文化认知影响着他们对外来文化信息的理解和吸收。在交际过程中,交际双方要想达到预期的交际目的,就必须要有共同的背景知识。"文化缺省"是指交际双方在交际过程中对双方共有的文化背景知识的缺省。文化缺省是一种具有鲜明文化特性的交际现象，不属于该文化的信息接收者在碰到这样的缺省时便会出现意义真空，无法将语篇内信息和语篇外的知识和经验结合起来，从而难以建立理解源语所必需的语义连贯和情境连贯。

3. 为了有意识地维护和传播本国文化的需要

文化输出和输入都具有一定的目的性，包括时效性、质地性和量化。所谓的时效性就是指在文化输出和输入时要考虑传输的时机是否合适，什么时候输入他国文化，什么时候输出本国文化。质地性是指要仔细研究传输的文化，从他国中吸收何种文化，输出本国的哪些文化。量化性是文化传输的数量，获取多少他国文化，输出多少本国文化。译者在维护和传播本域文化时要保持民族的尊严，在原文和译文文化之间进行斟酌，对文本材料进行恰当的选择。

第二节 西方文化翻译观

20世纪90年代，翻译研究开始朝着"文化转向"的趋势发展。在这方面比较杰出的学者包括苏珊·巴斯内特（Susan Bassnett），玛丽·斯内尔 - 霍恩比（Mary Snell-Hornby）以及安德烈·勒弗维尔（Andre Lefevere）。除此之外，还有许多学者也在文化翻译方面做出了贡献。

一、苏珊·巴斯内特的文化翻译观

翻译研究作为一门独立的学科，萌芽于巴斯内特的《翻译研究》，在这部著作中巴斯内特就语言与文化的关系、翻译的类型等值问题等翻译中重要课题进行了探讨。巴斯内特分析了翻译研究与比较文学间的关系，在巴斯内特看来，翻译研究并不是从属于比较文学或语言学的学科，相反应是比较文学隶属于翻译研究的范畴。翻译学包括的基本内容如下。

第一，翻译与语言学研究，涉及译语与源语的比较、语言等值问题、不可译性问题等。

第二，翻译史研究，涉及不同历史时期翻译的理论研究、特定时期翻译的作用、翻译评论、翻译方法以及翻译作品欣赏。

第三，翻译与诗学研究，包括具体文学领域的研究、具体译者的诗学研究、译文与原文相互关系以及"作者—译者—读者"相互关系的研究等。

第四，目的语文化中的翻译研究，涉及目的语系统中对翻译文本规范的接受，作者或体裁研究以及目的语文化中译本的取舍原则。

（一）翻译基本单位——文化

在翻译语言学派的研究中，翻译活动的重点始终应该放在语言转换层面，而翻译的基本单位是从音素、词汇到句子、语篇等，在解决文学翻译问题时，这样的翻译方法却遇到了很大的困难。基于这些问题，巴斯内特指出，文学翻译有着自身的特殊性，因此研究方法应该对翻译单位进行改革，即从句子、语篇等转换为文化。

在巴斯内特看来，如果将文化与人的身体作类比，那么语言就是心脏，只有身体与心脏结合起来，人类才会有动力，才能保持生机。当说明语言与文化的关系后，巴斯内特对文化翻译的含义以及相关问题进行了进一步阐述，其认为翻译应该将文化作为基本单位，目的是通过翻译实现文化交流。因此，从巴斯内特的观点中可以看出，翻译不仅是语言层面的交际行为，还是一种文化上的交流手段，而之所以进行翻译，目的就在于交流。

（二）等值问题

翻译研究中的一个基本问题是等值问题。等值问题是翻译过程中一个非常重要的问题，它可以回答人们对翻译的一些疑问。翻译活动具有应用性，所以有人将它看作一种衍生性的活动，这种观点忽略了翻译的过程。翻译过程所追寻的等值，是看译文是否忠实于原文。在翻译与创作的关系上，翻译总被认为低于创作。等值问题包括两个方面：一是翻译中语义的特殊问题；二是具有审美特点的文学作品翻译的等值问题。无论从哪个角度思考，都要把等值问题放置在具体文化背景下讨论。

在巴斯内特看来，文本不同，其承载的文化所赋予翻译的功能也就必然不同。翻译的功能受两个层面的制约。

第一，翻译所服务的对象。如果读者是面向儿童，那么翻译就要考虑儿童是否能够接受，因此在语言上应该尽量保证生动、简洁。

第二，源语文本在源语文化中所承载的功能。受这两点的影响和制约，译者在进行翻译时，应该将不同的文化背景考虑进去，通过对源语文本进行解码，再进行重组，探求译语文化，实现与源语文化的功能等值。

在操作上，巴斯内特指出文化对翻译有着不同的需求，且这些需求与源语的性质有着密切的关系。如果源语文本为描述性的文本，那么译者应该尽量考虑源语文化而进行直译，例如科技文献就属于描述性文本。如果源语为文学作品，那么译者在进行翻译时就有着一定的自由。

巴斯内特的文化功能与奈达的功能对等理论有着某些共通性，但是也存在明显的区别。对于奈达来说，翻译指的是从语义到文体，译者用最贴近自然、对等的语言对源语加以再现的过程。相比之下，巴斯内特认为翻译研究应该面向文化这一单位，将文化转换作为翻译的目的，译者应采用不同的文化功能对等来展开翻译。

可见，巴斯内特不仅跳出了传统翻译方法以语义、信息作为目标的模式，而且以更为宏观的手段对翻译展开研究和探讨。

（三）不可译性问题

翻译研究中另一个基本问题是不可译性问题。不可译性包括两种：语言不可译性和文化不可译性。巴斯内特强调，如果引进文化符号学观点并将语言和文化看成动态的系统，就可以在一定程度上克服不可译问题。不可译问题要分成不同的情形来处理。

第一，基本上不存在，完全不可译，要区别不可译文本与纯粹的文化缺失。

第二，因为诗歌翻译是修辞、意象、韵律和意义的结合体，所以它难以翻译，总之音义不可分割的词是难以翻译的。

第三，词汇和术语没有不可译性问题，因为译者可以采用选择、借用、仿造或其他翻译方法去弥补文化缺失。

（四）译者的地位

受女权主义的影响，巴斯内特认为传统的二元翻译理论将源作与译作划分成两级，如同社会中的男性与女性，源作就是男性，占据着主导性地位，译作就是女性，占据着从属的地位。因此，从这一点来看，巴斯内特主张翻译是双性的，不能否认译者的从属地位。

二、玛丽·斯内尔-霍恩比的文化翻译观

（一）跨文化转换观的提出

在斯内尔-霍恩比看来，语言学和比较文学都不能涵盖翻译研究，语言学注重的是对语言本身的描述，比较文学强调的是对文本本身的描述，因此应该将翻译看作一门独立的综合性学科而不是其他任何学科的分支。翻译应该关注跨学科、跨语言、跨文化的领域，如哲学、心理学等。需要强调的是，翻译将综合利用许多学科，并不代表学科之间的机械之和。翻译研究需要建立在翻译活动的复杂性的基础上，而不是从其他学科的常规中来寻找自身的方法。基于此，斯内尔-霍恩比借鉴了语言学派和文学派翻译理论的优势以格式塔整体理论为基础，提出了"翻译是跨文化转换"的观点，并强调译者应该具备双语的语言基础和文化背景知识。她倡导的是翻译研究的综合方法，利用各个学科的优势来发展和完善翻译理论。

（二）文本中的语言和文化

斯内尔-霍恩比认为，语言属于文化的组成部分，是能力、认知、知识等的集合，其与事件、行为等有着十分密切的关系。在霍恩比看来，在特定的文化中，语言往往是动态的，能够将整个社会文化与个体文化的发展情况反映出来。原作者创作的文本本质上是作者思想文化、价值取向及生活经验的集合，译者翻译的过程就是在对原作者所要传达的精神理解的基础上，进行整合，然后呈现给目的语读者。文本中的文化内涵能否被译者准确地表达出来，不仅受该文本对所属文化依赖程度的影响，而且受源语文本与目的语读者之间所存在的文化差异的影响。

（三）文本分析

斯内尔-霍恩比认为，文本是大于其各部分相加之和的一种复杂的多维度结构，她关注个体现象的关系网络，认为个体现象只有置于语言文化背景中通过彼此之间的关联才能得到。据此，文本分析应该从确定文本的文化和情景出发，然后从宏观结构到词汇衔接层面分析文本的结构，最后归纳出文本翻译最贴切的策略。文本分析更重要的是追溯一种由关系组成的网络，网络中词项的价值取决于词项在文本中的作用及其与文本的相关性。

此外，源语文本可译性的程度不仅与文本类型相关，也与译者所遵循的翻译

标准相关。因此，基于语言与文化的关系，斯内尔 - 霍恩比认为，翻译就是一种跨文化活动，其要求译者不仅需要具备源语与目的语的语言基础，还需要了解源语文化与目的语文化知识。

三、勒弗维尔的文化翻译观

勒弗维尔作为一名翻译理论家，其理论的原创性和开拓性在20世纪的西方翻译史上无可复制。尤其是他提出的赞助人、意识形态及诗学形态三要素，在中国产生了广泛而深刻的影响。

（一）翻译改写的内涵

勒弗维尔认为，翻译是一种改写，即操作，服务于特定的意识形态。改写受文学观念和意识形态规范的影响，译者需要在此规范内进行操作。因此，翻译不是一种原则性的文本操作手段。研究这些可以从以下三个方面进行。

①比较原文和译文，以辨别所翻译的文学作品受到的制约。

②通过比较可以看出特定文化在接受和排斥其他文化时所采用的策略。

③在文化结构中思考整个文学系统的自身功能。

无论是忠实的还是不忠实的翻译，都是某种形式的改写。忠实的翻译也不是唯一正确的翻译，不忠实的翻译可能是由于意识形态改写导致的。改写是一种文化上的必然性，因为翻译必然受到各种社会文化因素的影响，如原作者意图、原文语境等关系到原文的特征，以及翻译的目的、读者期望、委托者要求等关系到目的语的特征。无论是什么目的的改写，都反映了某种意识形态和诗学。

改写作为一种翻译现象，长久以来被人们忽视，由于勒弗维尔第一次系统阐释其作用，从而使得这个被忽视的范畴重新引起人们的重视。译者的改写掩盖在特定社会的意识形态之下。改写是创造经典和范式的助推器。改写人的动因需要分析，改写过程中的权力运作和赞助人的角色更不能忽略。根据勒弗维尔的理论，改写后的译文享有与创作等同的地位，因此翻译也可以被改写，以实现特定的文学、文化和社会目的。翻译不只是翻译文意，更重要的是翻译文化。

（二）改写的三要素

勒弗维尔提出的改写三要素包括赞助人、意识形态及诗学形态。

1. 赞助人

勒弗维尔的另一个贡献在于挖掘出赞助人对翻译的改写。翻译过程中的赞助人都是有权有势的人或者机构，由以下两种人构成：一种是翻译界内的专业人士，比如翻译家、教师、评论家等，二是翻译系统之外的赞助人，包括有影响力的媒体、出版商等。不管是系统之内的赞助人还是系统之外的赞助人，他们对于翻译活动都起到了或促进或阻碍的作用。系统之外的赞助人对于翻译活动的影响主要体现在权势地位、经济利益及意识形态这三个方面。首先，译者的翻译活动以满足赞助人的期望为前提。其次，赞助人的行为包括商业性和艺术性的双重属性，对于赞助人而言，他们一方面要给译者提供相应的报酬，另一方面需要传播艺术。再次，意识形态对作品的观点、内容和风格都存在着干预，翻译更重要的是达到意识形态的干预。

2. 意识形态

意识形态的含义包括两个方面：第一，体现个人或某个团体的思维方式；第二，构成经济或政治理论基础的观念。

意识形态具有以下六种特征。

①意识形态各形式是相互作用的。

②意识形态的虚假性。

③意识形态的控制性。

④意识形态是统治阶级的精神力量。

⑤意识形态的整合性。

⑥意识形态的合法性。

在翻译层面，意识形态决定了译者对翻译策略的选择，以及对原文中语言和论域问题的处理方法。译者作用于特定时间的特定文化之中，他们对文化的理解影响着翻译方法。译者的意识形态在很大程度上决定了译文的形象，译者必须在译语的意识形态和自己的职业准则之间找到平衡。

3. 诗学形态

诗学形态由两个因素组成：一是文学要素，包括文学手段、样式、主题、原型人物、情节和象征等；二是观念，即文学在社会系统中所起或应起的作用。译者为了适应新读者，常常以自己文化的诗学形态标准来重新改写原文。译者的翻译活动必定要受所属文化诗学形态的影响,这就是为什么译者会对原文进行增删、改译等。

四、佐哈尔的文化翻译观

20世纪70年代,佐哈尔在借鉴俄国形式主义学者观点的基础上提出了多元系统理论。佐哈尔指出译者在翻译文学作品时应从整个文学系统的角度出发,而不是孤立地翻译该作品。佐哈尔认为文化翻译是一项系统的活动,且这个系统是动态的,是不断变化的。

虽然佐哈尔的多元系统理论脱胎于形式主义学者的理论,但这并不意味着佐哈尔对形式主义学者提出的所有观点都持赞同态度,事实上,他对"传统美学研究中的谬论"是反对的,佐哈尔强调,翻译文学需要作为一个系统来进行运作,具体表现为如下两点。

①目的语如何对要翻译的作品加以选择。
②翻译行为与翻译规范如何受其他系统的制约与影响。

佐哈尔以多元系统这一涵盖性的概念对所有系统之间的关系加以强调。多元系统被认为是一个多层次、多种类的系统集合体,且是一个动态演变的过程。也正是由于这种动态性,使得翻译文学在多元系统中的地位并不是固定不变的,其地位可能是主要的,也可能是次要的。

如果翻译文学占据主要地位,那么它就能够对多元系统进行积极的塑造,即翻译文学可能极具革新精神。如果翻译文学处于次要地位,它就是多元系统中边缘系统的代表,无法直接影响中心系统,甚至会作为一个保守因素,对传统的形式加以保留,当然其处于次要地位也是非常常见的,是正常的状态。

五、图里的文化翻译观

图里与佐哈尔一起从事研究工作。对于图里而言,翻译首要的目的在于目标文化在社会与文学系统中的地位,而这一地位对翻译策略起着决定性作用。基于这一点,图里不断对佐哈尔的多元系统理论进行深层次研究,并提出了描述性翻译理论,这一理论引申出三段式方法论。

第一,将文本置于目标文化系统内来分析其意义以及读者的可接受程度。

第二，对源作与译作的转换问题加以比较，尝试对深层次翻译概念加以总结与概括。

第三，对翻译策略提供某些重要启示。

当然，还需要一个补充的步骤，即对第一阶段与第二阶段进行重复，对其他类似的文本展开研究，目的是扩充语料库，从而从文学时期、文学类型等内容出发，对翻译展开概括与描述。这样来看，人们就能够确认与每一种类型相关的规范，最终建构相应的翻译法则。

对于规范，图里这样界定：将某一社区所共享的观念与价值转换成恰当的行为指南。这些规范是针对某一社会、文化而逐渐形成的社会文化约束。同时，他认为翻译也是受规范制约的，这些规范对实际翻译中产生的等值问题起着决定性作用。图里认为，翻译的阶段不同，规范也会不同。

（一）初始规范

基本的初始规范指译者的总体选择，如图 3-2-1 所示。

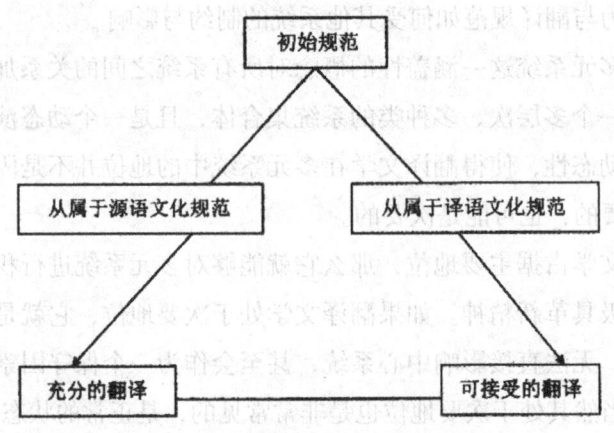

图 3-2-1　图里的初始规范示意图

译者可以选择是偏向源语文化规范还是偏向译语文化规范。如果译者选择偏向源语文化规范，那么译作就是充分的翻译；如果译者选择偏向译语文化规范，那么译作就是可接受的翻译。

（二）预备规范

图里将其他层次上的规范称为预备规范与操作规范。预备规范如图 3-2-2 所示。

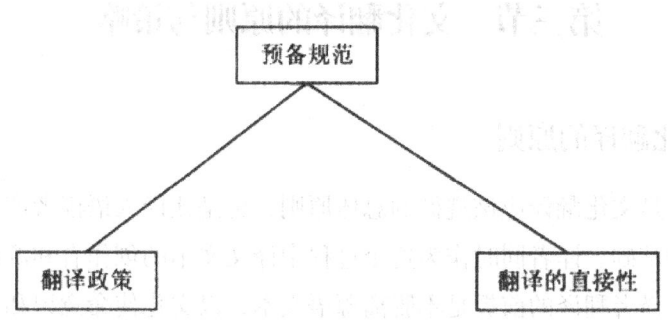

图 3-2-2　图里的预备规范示意图

预备规范包含两种：一种是翻译政策，一种是翻译的直接性。前者指的是某一特定的文化与语言，对翻译文本的选择起着决定性的因素；后者与翻译是否存在中介语有着密切的关系，一般研究的是翻译中包含哪些语言，翻译中是否使用中介语，译语文化对通过中介语进行翻译的宽容程度等。

（三）操作规范

图里的操作规范主要对译文呈现的内容进行描述，如图 3-2-3 所示。

其中母体规范与译文是否完整有着密切的关系，如段落是否删减、源作是否分割、是否添加脚注等。篇章语言规范对译作的语言素材的选择起着制约的作用，如短语、文体特征等都属于语言素材的部分。

总之，通过对源作与译作的考察，图里提出了"翻译等值"的概念，但是他的这一概念与传统等值概念并不相同，是一个功能性的概念。

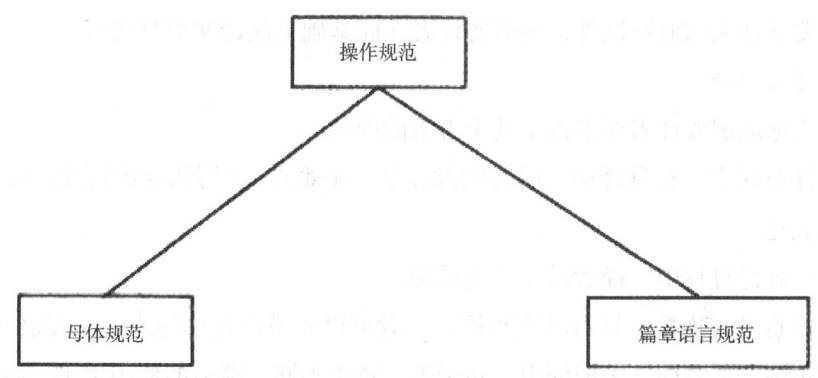

图 3-2-3　图里的操作规范示意图

第三节 文化翻译的原则与策略

一、文化翻译的原则

文化对等是文化翻译应该遵循的总体原则,也是让译入语读者产生和源语读者相近反应的基础。译者同时作为这个过程中译文文本的创作者和源语文本的接受者,这要求译者翻译的前提是不脱离源语文本,以文化使命意识和文化自觉意识为本,通过对翻译过程的调控,使译文的文本质量得到提升。维护不同民族的地位以及发展其语言和文化,是文化翻译在全球化语境下的目的。译者在文化交流中处于中间环节,应当以促进世界语言文化的多元化为己任。文化翻译的原则具体来说有以下几个方面的内容。

(一)尊重文化原则

全球化语境下的文化翻译的首要原则是尊重文化,这是因为翻译的过程推动着文化的交流与传播,进行翻译必须以尊重文化为基础。

展开来讲,译者要想遵循尊重文化的原则,就必须在翻译过程中增进对不同国家、地区的文化差异的认知,接着凭借自身的跨语言转换能力以及跨文化交际思维进行准确翻译。

(二)锤炼语言原则

锤炼语言原则是文化翻译需要遵循的原则,这也是翻译的基础原则,但是译者在锤炼语言的基础上还需要考虑到文化要素的重要性。具体来讲,锤炼语言原则除了要求译文的通顺性外,还需要译者在此基础上使译文更具文采。

1. 译文通顺

译文通顺需要译者注意以下几个方面的内容。

①注意时态。在翻译中,时态的翻译是一个难点,译者应该结合语境,注意时态的表达。

②在翻译过程中,译者需要考查动词。

③注意动宾连接。针对动宾短语,译者可以先考虑宾语的成分。宾语的构成类型有很多,如名词、名词词组、句子等。宾语不同,谓语的使用也不尽相同。

④确定主语。由于英汉两种语言的差异,在翻译过程中是否确定主语也直接

影响译文的质量。具体来说,英语为主语显著型语言,句子中的主语决定着句法结构。而汉语为话题显著型语言,主语的重要性较低。

⑤减少 of。在汉译英过程中,很多译者一看到"……的"就下意识地翻译为 of。英语中的 of 表示的是一种所属关系,而"……的"既有所属关系,也有包含关系。翻译中译者需要看清句子意义上的主语进行灵活翻译。

⑥注意连接原则。英语为一种形合语言,汉语则为意合语言。在翻译过程中,需要译者注意表达逻辑,增加译文中的连词,灵活进行合句与缩句。

2. 增添文采

在文化翻译中,译者除了让译文读起来通顺外,还需要对译文进行一定程度的修饰,这就是所谓的增添文采,这样才能吸引读者(例 3-3-1)。

例 3-3-1

Circumstances and people are constantly changing.Some friendship last "forever", others do not.

译文 1:环境与人都在发生改变。有些是友谊永恒,有些并不是。

译文 2:环境与人都在发生改变。有些是友谊地久天长,有些则如昙花一现。

显然,对比上述两个译文,译文 1 就显得平淡无奇,而译文 2 进行了一定程度的修饰,运用"地久天长""昙花一现"两个成语,深层次地表达了原文的内涵,让读者读起来更有韵味,更富有联想。

(三)循序渐进原则

文化需要经历一定的过程才能得到传播与接受,因此循序渐进也是文化翻译应当遵守的原则。译者在这个原则的指导下要避免硬性翻译,认知不同文化的差异,以对他国文化的尊重为基础,有意识地弘扬中国优秀传统文化。考虑到翻译实践的角度,为了完成文化翻译过程中的文化输出与沟通,译者需要不断提升自身的翻译能力和文化感悟力。

(四)文化再现原则

受到全球化语境的影响,人们进一步地认识与发展了翻译的性质,也有更多人认可了翻译跨文化传输的角色。根据翻译的性质与任务,翻译的过程也是文化的一种再现,因此文化再现原则需要得到遵循。具体来讲,源语文化的特色应当通过文化再现表现出来(例 3-3-2)。

例 3-3-2

人怕出名猪怕壮。

译文 1：Bad for a man to be famed; bad for a pig to grow fat.

译文 2：Fattest pigs make the choicest bacon; famous men are for the taking.

上述原文为汉语中的俗语，是中国传统语言形式之一，具有十分丰富的文化内涵。在翻译过程中很难在英语中找到匹配的表达形式。上述俗语的内涵指的是人一旦出名就会有更大的挑战和困难，因此出名之后的生活反倒会十分困难，这就像猪长胖之后逃脱不了被宰杀的命运一样。译文 1 从原文的文化内涵出发，将其含义表达得淋漓尽致。译文 2 采用了创译的形式，但是译文和原文在表达和情感色彩方面都存在差异。

（五）风格再现原则

除了文化翻译时的文化再现原则外，另一个重要的原则是风格再现。一般来讲，风格再现原则中的主要风格体现在以下几个方面。

①文体风格。风格会因文体不同产生必然的差异，如新闻文体与诗歌文体、小说文体与法律文体等都存在各自的特色，这就要求译者在进行翻译时，需要将不同的文体风格考虑在内，除了再现彼此的文化外，还需要再现文体的风格。例如法律文体翻译，译者应该以庄重、严肃的口吻翻译法律文体，将其翻译成大白话是不可取的，这会导致法律文体的法律意义被违背。

②人物语言风格，即面对不同的人，要有不同风格的话，这主要体现在文学文体中。

③作家个人的写作风格。译文也应该展现原写作者的风格，有些写作者风格简洁，有些写作者风格庄重，有些写作者风格华丽等。因此，在翻译时译者应该将其凸显出来。

（六）跨文化交际原则

翻译是不同语言和文化间的传播活动，因此在具体实施过程中也需要遵循跨文化交际原则，进而达到语言体系的转换以及文化内涵的传递。

1. 突破语言的界限

跨文化交际原则需要译者突破语言的界限，展现出不同地域、不同环境中的文化特点。译者在语言和翻译知识学习的过程中就应该重视不同文化的内涵，了解不同语言的特点，最终在翻译过程中扩大自身的视角，搭建出多元文化交流的环境。

2. 尊重文化多样性

无论对哪一个民族而言，其文化都是在自身环境的孕育下演化与发展而来的，因此译者应该从不同的环境来考量，根据自身的目标，采用不同的方案来将不同文化的特色展现出来。这就是说，要尊重不同文化的多样性。对于世界各个民族而言，文化多样性属于一种基本形态，是不同文化背景下的人们能够顺利交流的源泉，因此必须对其加以尊重。

（七）和而不同原则

除了上述六项原则外，文化翻译还需要坚持和而不同的原则，这一原则包含如下两点。

1. 忠实第一，创造第二

站在某种角度看，翻译是译者通过对源语文化的分析进行再创造的过程。然而，这里的创造需要以某些条件为基础，即传达出源语的语义、文化的表层与深层内涵。这与翻译的属性在很大程度上密切相关。

翻译作为一种实践活动，目的在于让目的语读者能够了解译者所翻译的源语语言与文化，或者说，翻译活动实际上是在传播文化。译者应该尽最大努力传达源语，帮助那些对源语文化不太了解的人，增进他们对源语文体的风格与文化思想的了解。

上述目的的实现，就必须在语义、意义、文体、风格等层面实现两种文本的对等，这就决定了忠实第一是和而不同的原则之首。

文化翻译还要求译者尊重原作者与源语文化。换句话说，在翻译的过程中不能随意删减源作甚至篡改源作，应该尽量做到忠实。事实上并不存在绝对化的忠实，绝对化的忠实有时候可能会导致死译，这种情况在文化翻译中也不允许存在。忠实在这里的含义，指的是如实、准确地传达源语文本的语义、意义、文化等表层与深层内容，而并非对二者完全相同的表达形式的刻意追求。

然而，"文化空缺""概念空缺"现象必然存在于具体的翻译活动中，并受到两种语言文化差异的影响，如果对绝对忠实过于拘泥，那么很难运用译语来将源语表达出来，这时就需要对源语进行一定程度的创造。特别是文学翻译，在一定程度上对源语文本进行创造能够提升审美价值，促使作品能够再现源语的精髓。但有一点需要注意，这种创造并不能随意空想、扭曲事实，不应该摒弃其文化内涵。

总而言之，文化对比下和而不同的原则应坚持忠实第一、创造第二，创造必须以忠实为前提。

2. 内容第一，形式第二

在文化翻译中，翻译所坚持的和而不同原则，除了要坚持忠实第一、创造第二外，还需要坚持内容第一、形式第二，这也是和而不同原则中的一个细分原则。

在这里，内容指的是源语文本自身的语言、文化，甚至情感意义，这些都属于其内涵意义。形式指的是源语内容在表达过程中呈现的语言外壳，如采用了什么修辞手段、使用了什么文本体裁与题材等。

具体来说，在文化翻译时，译者放在首位的应该是对内容的处理以及准确内涵的传递。同时，应该将源语的文本形式兼容进去，这样才能更好地将源语文本特色传达出来。如果译者遇到为了保证原文形式，就需要与原文内容相悖的情况，那么译者应该果断舍弃形式，以内容为主。形式的存在是为内容服务的，如果内容偏离，即便是再保证形式的统一，不符合源作的表达也不会引起读者的兴趣（例3-3-3）。

例 3-3-3

裁衣不用剪子——胡扯

Cutting out garments without the use of the scissors—only by tearing the cloth recklessly talking nonsense.

显然，汉语为一句歇后语，在进行翻译时，应该坚持内容第一、形式第二原则，将这一歇后语的内容准确地传达出来，即便是译文的形式与源作存在差异，也需要保证内容的准确性，这样才能更恰当地传达汉语文化。

二、文化翻译的策略

（一）翻译策略的概念

翻译策略是一个与翻译实务密切相关的概念，是每个翻译工作者与翻译研究者都需要弄明白的问题。具体而言,翻译策略主要涉及三个基本任务:一是明确翻译目的,解决为什么而译、为谁而译的问题;二是确定所译文本,解决翻译什么、为什么要翻译这个文本的问题;三是制定操作方式,解决怎么译、为什么要这么译的问题。策略具有明显的解决具体问题的对象性、针对性和预测性,着重理论分析和归纳性理据分析,同时又鲜明地指向实践。

直接翻译就是译文为了保留原文的风格,从而保留原文中所有的交际线索。相反的,当译文只追求对原文的认知效果和基本意义进行保留,而较大程度地改动了原文的表现形式时,这种翻译就是间接翻译。

翻译策略是译者为达到或完成其整体目标而选择的一整套最佳翻译方式。翻译不仅是一种语际交际,更是一种跨文化交流。由于生活在英汉两种文化中的人们在地理位置、文化背景、价值观念、生活方式等方面存在着很大的区别,而且英汉两种语言也属于不同的语系,因此在翻译策略选择上文化因素往往是译者考虑的首要因素。

由于语言本身的特点、翻译目的的复杂性和翻译"形势发展"的多变性,翻译策略的采用是没有统一固定模式的。在翻译实践过程中,虽然译者可以采用各种各样不同的翻译策略,但自古以来的种种翻译策略可以大致分为两大类:一类为归化式翻译策略;另一类为异化式翻译策略。前者的目的在于"征服"源语文化,试图从内容到形式将源语文本"完全本土化";而后者则相反,其目的在于"译介"源语文化,使目标文本读起来像源语作品一样。从方便讨论的角度讲,我们赞同这种分类。当然还有一些其他的翻译策略,如文化对应策略、文化调停策略等。

(二)文化翻译的具体策略

1.归化与异化策略

翻译策略可以分为归化与异化两种。自翻译活动出现,关于归化与异化的概念就一直存在。随着20世纪末的翻译的文化转向,翻译研究者越来越注意到翻译作为跨文化行为的性质,归化与异化正式取代了直译与意译之争,开始了浮出水面的"争斗",并且逐步作为热门话题活跃在当今的翻译理论研究中。

韦努蒂是一位解构主义翻译思想的积极创导者,他通过研究西方翻译史,对以往翻译中占主导地位的以译入语文化为归宿的倾向予以批评,并为了反对译文通顺的翻译策略而提出了解构主义思想。在本质上，解构主义的翻译思想并非要"求同"，而是要"存异"。

人们对归化与异化概念的理解和定义不完全一致。归化翻译指的是以译入语文化为归宿的翻译，使译文流畅、通顺。异化翻译则指的是以源语文化为归宿的翻译，使源语文化的异国情调得以存续。在文化翻译中，归化、异化翻译策略都有着各自的价值和用途。

我国翻译界一直存在着对于直译、意译概念的不同看法。直译的第一要务是忠实于原文内容，而把对原文的译文形式的忠实放在第二位，在第三位才重视通顺的译文形式。意译却最为忠实于原文内容，在第二位重视通顺的译文形式，对原文的形式并不拘泥。

综合来看，直译指翻译时要尽量对用词、修辞手段等原作语言形式予以保留。直译调整了译文的译入语方面，虽然并非逐字逐句对照，但读者能看懂通顺的文字。意译对句法结构、用词、修辞手段等原作语言形式并未太过重视。

直译、归化作为翻译研究中的两个重要概念，是两对既相互联系又相互区别的二元对立的术语。这两对概念在某些方面相互重叠，与译入语的语法规范符合；异化和直译都追求等值于原作，对源语的语法和表达规范予以尊重。其主要有以下三个方面的区别：首先，直译、意译属于语言层次的讨论，是针对两种语言的不同结构和特点提出来的；异化、归化在文化、诗学和社会政治等层面讨论语言层次。其次，在本质上，直译、意译是翻译的方法或技巧，而异化、归化则属于翻译策略。如果说直译、意译讨论的问题角度较小的话，异化、归化对问题的考察则从更加宏大的角度出发，两者并非存在于一个层次上，前者受后者指导。最后，既然直译、意译对于问题的讨论主要从语言层次这一平面出发，那么它们之间便有了更加明显的对立性和排斥性。除了排斥性和对立性之外，异化和归化还在某些地方表现出了兼容性和并存性。除此之外，直译、意译是翻译研究中的两种翻译方法，而异化和归化是作为两种不同的翻译策略存在，只是在近些年的英文学术著作中有所阐述。

在当今世界多元文化的语境下，异化与归化的交锋和对话已经成为世界翻译界的一个热点话题。在中国翻译史上，异化翻译的典型代表人物应该是鲁迅。民国时期也是我国翻译理论和翻译实践蓬勃发展的黄金时代。鲁迅以睿智的眼光、独特的视角挖掘出传统翻译理论的新异之处。

异化和归化的争论是由于人们在两个方面认识上的混淆所致：一是把异化与归化完全对立；二是忽视异化与归化存在于语言和文化两个层面。虽然是翻译界在处理文化差异问题上所产生的两种对立的翻译策略，但其具有模糊的界限，是由极端归化到极端异化所构成的一个连续体。换句话说，有一系列的次范畴包含在异化策略范畴和归化策略范畴中，它们具有相互重叠的边缘次范畴。在时间推移与社会发展的影响下，在某一时期被认为是异化策略范畴下的非边缘次范畴有可能变成了归化策略范畴下的非边缘次范畴。语言层面的异化应考虑如何在保持源语形式的同时，如果形式成为翻译的障碍，就要采取归化策略。在处理直译、意译与归化、异化之间的关系问题上，要运用辩证统一的观点。

归化和异化都是翻译中不可或缺的策略，各有其长短、互为补充。归化的翻译以源语与译入语文化之间的有效交际与沟通为目标，在传递源语文本的信息时使用地道的本族语表达方式，避免影响到读者的阅读。奈达主张，译文使用的言语形式应该尽量与译入语表达规范符合，寻求对等表达，使其与原文最为贴切。相比于归化翻译，异化的翻译则对源语文本在语言和文化上的差异性的体现更为注重，使得原作的风貌能够得到读者领会。合理的异化具有很多积极意义。站在文化交流的角度，它有助于在平等的基础上对国外文化如实反映，是尊重外国文化的必然要求。事实上，文化交往的广度、深度与异化翻译的被接受程度是成正比的。

需要指出的是，归化策略对译入语读者的可接受程度给予了更多考虑，所以读者往往会对译文产生一种熟悉和亲切的感觉，更容易接受译文。文化中的异质成分通过归化，可以转化为另一种文化中人们所熟悉的内容，导致通过语际翻译吸纳异质文化因素的机会却失去了。

各国文化在多元文化的今天有了日益频繁的交往，逐渐加深了文化间的融合。所以，译者应具备宏观的文化视野、深厚的文化修养和跨文化交流的能力，对异化和归化的翻译策略合理利用，对异域文化做到努力吸收和传达，使本土文化得到弘扬和发展，不同民族的相互交流和理解得到促进。

2. 文化间性策略

所谓文化间性策略，是指基于文化间性主义与文化间性观，而逐渐形成的一种翻译策略。在文化间性主义者看来,译者在进行文化翻译时应该保证互惠互补、相互协调的文化关系。不同文化有着明显的差异性,运用文化间性来处理,有助于找寻二者的共性,实现不同文化之间的互动。

一名好的译者,应该具备文化间性的身份,将不同文化的组成要素进行内化,同时对不同文化的进步与发展情况持有开放、接纳的态度。在这种文化间性理念的指导下,译者可以更从容地参与到文化翻译实践中,具体而言可以实现两大效益。

①译者保持开放的心态,对不同文化进行接纳与包容,从而采用得体的策略与方式对待与处理不同文化。

②译者对源语文化进行拓展与开发,在共性思想的指导下,分析与思考源语文化,进而将源语文化推向世界。

从上述定义与理念分析中可知,文化间性是对归化策略与异化策略所存在的极端主义的弱化,同时也是对"信、达、雅"翻译标准的支持(例3-3-4)。

例3-3-4

原文:天时不如地利,地利不如人和。

译文1:Sky times not so good as ground situation; ground situation not so good as human harmony.

译文2:Opportunities vouchsafed by Heaven are less important than terrestrial advantages, which in turn are less important than the unity among people.

很明显,原文是一则典故,意思是气候条件和地理形势在战争中是十分重要的,但是与二者相比,最为重要的还是人心所向。在翻译这则典故时,译文1属于很不负责任的乱译,而译文2则以文化间性理论为根据,通过恰当的翻译让读者的理解与把握更为容易。

另外,文化间性翻译也是在强调文化交融现象。然而,要想使文化间性的度被更好地把握,译者需要考虑以下四点。

①译者应该清楚地了解异国文化,并将其置于自身文化之中。

②为了异国文化的凸显,不得不抹掉自身文化。

③尽可能地增进对异国文化的了解,并恢复自身文化的地位与身份。

④在保持中立的情况下,实现自身文化与异国文化的均衡,逐渐寻找二者的结合点。

3. 文化调停策略

文化调停策略也被广泛地运用在文化翻译中，下面就分析和探讨这一策略的概念与具体的应用。

（1）文化调停策略的概念

文化调停策略是指省略不翻译一部分文化因素，甚至省略不翻译全部的文化因素，直接对其中的深层含义进行翻译（例 3-3-5）。

例 3-3-5

回头人出嫁，哭喊的也有，说要寻死觅活的也有，抬到男家闹得拜不成天地的也有，连花烛都砸了的也有。

Some widows sob and shout when they are forced to remarry; some threaten to kill themselves; refuse to go through with the wedding ceremony after they've been carried to the man's house; some smash the wedding candlesticks.

原文是鲁迅先生的短篇小说《祝福》中的内容。"拜天地"是传统中国婚俗中的一道流程，丰厚的文化内涵蕴含在"天""地"这两个字中。在中国人的观念中，"拜天地"就意味着婚礼。然而，如果在翻译时使用异化策略，对于其真正的含义，目的语读者显然是很难理解的，因此用 refuse to bow to heaven and earth 来翻译"拜不成天地"显然不合理，而如译文所示，如果在翻译时采用文化调停策略，就省略原作的意象，直接将原作的深层含义翻译出来，这样目的语读者就能对原作的内涵得到真正的理解，也能够与原作读者获得相同的感受。

（2）文化调停策略的运用

很明显，如果归化策略与异化策略这两种策略无法使真正的文化问题得到解决，译者就可以采用文化调停策略。这一策略可以增加译文的可读性，并且使归化策略与异化策略中的文化问题减少，当然它也具有一定的局限性，即不能保留文化意象，因此对文化交流十分不利（例 3-3-6）。

例 3-3-6

刘备章武三年病死于白帝城永安宫，五月运回成都，八月葬于惠陵。

Liu Bei died of illness in 233 at present-day Fenjie County, Sichuan Province, and was buried in Chengdu in the same year.

上述原文虽比较短，却有着丰富的内涵和文化因素，其中涉及很多古代的地名、年代等内容。对这些地名、年代的翻译，采用归化策略肯定是不行的，因为在英语中难以找到与之相对应的词语。而如果采用异化策略,直接进行拼写或者加注,这样的翻译比较复杂,并且烦琐,很容易让读者产生困惑。因此,在这种情况下,译者应该将这些文化因素省略,以便读者理解和把握。

4. 文化对应策略

所谓文化对应策略,是指采用目的语文化中知名的事件、人物等,对源语文化中的内容进行解析与诠释。例如,"梁山伯与祝英台"在汉语文化中是广为熟知的,但是西方人并不知道这二人到底是谁,如果将其翻译成"罗密欧与朱丽叶",那么西方人就知道是什么意思了。同样,"济公"与"罗宾汉"的互换也是如此(例3-3-7)。

例 3-3-7

济公劫富济贫,深受穷苦人民爱戴。

Ji Gong, Robin Hood in China robbed the rich and helped the poor.

这是浙江兰溪的济公纪念馆中的一句话,在对这句话进行翻译时,如果将其翻译成 Ji Gong, Robin Hood in China 就很容易被目的语读者理解,这便是采用了文化对应策略。这样,也很容易让读者融入原作之中,探寻原作的奥妙。

需要指出,在归化、异化、文化间性、文化调停、文化对应五种文化翻译策略中,占据主导地位的仍旧是归化策略与异化策略,但二者也呈现对立统一的情况。运用归化策略是译者为了照顾译语读者,在翻译时对译语读者较为偏向;而运用异化策略是译者为了照顾源语文化,在翻译时对源语文化较为偏向。译者需要把握好具体翻译实践中的度,对翻译策略做出恰当的选择,避免走入极端。当然,如果这两种策略无法解决具体的文化问题时,那么译者就要对其他因素予以考虑。

比如,为了保证日常生活中好的交流效果,一些通知、广告、公告、新闻报道等往往会在翻译时采用归化策略,这样更加方便读者理解,如果归化策略不合适,那么可以对文化调停策略予以采用,使译作更为清晰,更容易得到读者理解,也符合目的语读者的阅读习惯。译者往往会采用异化策略翻译那些哲学著作、政论、科技文章等,因为宣传和弘扬是写作这些文章的目的,能够对填补目的语读者的知识空缺有所帮助。换句话说,运用异化策略能够为弥补目的语读者的空白,更多地了解目的语文化提供帮助。

总之,全球化的趋同性为文化的交流与翻译带来了契机,文化间的互动衍生出了新的关系。文化翻译以语言转换为手段，以沟通各民族不同语言文化间的交流为目的，在全球化语境下扮演着不可替代的角色。可以说，文化翻译的存在有助于消除不同民族文化间的障碍，让文化间的平等对话成为可能。译者应该意识到自己在全球化语境下文化翻译中的作用，在面对翻译中的文化问题时做一个尽心尽力的文化使者。

第四章 文化翻译中的宏观理论与微观理论

本章节内容为文化翻译中的宏观理论与微观理论，主要介绍了宏观文化与微观文化的关系、"原味"与"异味"、二度性过滤与创造性叛逆三方面的内容。

第一节 宏观文化与微观文化的关系

文化包含很多方面的内容，其中有社会意识形态、社会制度、组织结构、生活习俗等。此外，文化也有深层的宏观文化和浅层的微观文化。具体来讲，宏观文化主要强调的是更深层次的文化，其中包含哲学理念、习俗规则、思想观念等。例如，我们从汉语"国家"这个词中，便可以发现中国人先"国"后"家"的思想，此外这种思想还体现在很多地方，如家族祠堂中的核心牌位所列"天地君亲师"，其中"君"代表的便是"国"，而"亲"代表的便是"家"。英语中表达国家含义的单词有"state""nation""country"，这些词分别从政体、民族、疆域方面来体现国家的含义。微观文化主要指从具体实物或行为中表现出来的文化，例如中国日常生活中常见的器物形状主要是圆形或方形，而西方日常生活中常见的器物形状则是不规则的。

宏观文化限制和影响着微观文化，主要表现在从意识形态和思想规制上影响到人们的具体生产生活行为。但宏观文化的体现需要通过微观文化进行，一定社会群体的具体生产生活行为是对宏观文化的实质反映，宏观文化影响下的微观文化则表现在一定的实物或者行为上。比如，中国文化中的天圆地方的理念通过方块体的汉字表现出来。

首先，人们的具体行为会受宏观的理性文化的影响。比如，吉庆与祥和是中国人的春节讲究推崇的主题，反之也诞生了许多禁忌的行为，如笑闹与悲伤。

其次，文化是民族化特征积淀而来的，民族和地域上的显著差异性都体现在文化上。比如，车辆在英国必须左行，车辆的右侧是车辆的驾驶室；而在中国则相反，车辆必须右行，车辆的左侧是车辆的驾驶室。

最后，一般情况下文化传承依托的是宏观的理性文化，而非微观的实体文化。这主要是由于微观的实体文化仅仅可以被人们模仿，但是宏观的理性文化却可以从根本上影响人们的思想与行为。例如西方传教士利玛窦，他最初来到中国的目的是将西方文化传至中国，然而他在中国传教的过程中深受中国文化的影响，进而产生了亲中国文化的态度，这在一定程度上也影响了他的行为举止，如穿儒服、行秀才礼。

通常情况下人们在文化交流的过程中深受观念的影响，它可以直接影响人们的行为。在欧洲，不同国家的告别方式也有所不同，如英国人是 kiss goodbye（吻别），而欧洲大陆上的一些国家的告别方式则与英国有所不同，其中意大利人的告别方式为 embrace goodbye（拥抱告别）。之所以产生这样的差异，主要是欧洲大陆上的一些国家的人们无法接受亲吻这种行为，在他们的文化观念中，亲吻的行为只能发生在关系特别亲密的人之间，如夫妻、恋人。

宏观文化与微观文化之间的关系在一定程度上向我们说明微观文化是宏观文化的表现形式，而宏观理性文化对人具有影响作用。这在一定程度上也让我们明白，无论是在跨文化交际中，还是跨文化翻译中，我们都应重视宏观理性文化，千万不要为了过度追求微观文化而舍弃宏观文化，从而影响翻译的效果。

第二节 "原味"与"异味"

文化往往对宏观层面的意识形态产生影响，而对于微观层面的文字本身影响较少。文化翻译既对语言有着依赖，又实现了超脱。文化必须依赖于语言的载体表明它依附于语言，文化内涵有时超出语言的字面含义说明它超脱于语言。但是，学者们都不同程度地对文化译介过程中文化翻译的"原味"予以强调，其中，有些学者对追求"字面的原味"予以强调。但事实上，宏观的"原味"与微观的"原味"并不同，微观的"原味"指文化信息着眼于文字表面，它的追求是"点"的文化效应，而宏观的"原味"则是指文化信息着眼于深层，其追求的是"面"的文化效应。在作者看来，不能简单地在文化翻译与语码转换之间画等号，应对深层文化信息的传递和译文读者的认知结构予以强调，叛逆性过滤的变通处理内涵与形式的矛盾和冲突，追求"宏观"上的原味。

在作者看来，我们在进行文化翻译的过程中应追求宏观上的"原味"，而不是微观上的"原味"。此外，在文化翻译的过程中我们一定要正确处理"原味"与"异味"的关系，从而完成文化的转移与传播。如果想要成为一个优秀的翻译，熟知两种文化十分有必要，其作用远远大于掌握两种语言。例如，《诗经·关雎》里"窈窕淑女，君子好逑"中的"淑女"和"君子"，这两个词能给人带来很多的文化语义联想，它所反映的是中国人对优秀男女的评价，具有一定的文化内涵，为此如果仅凭英语中的 lady、lass、gentleman、lad 是无法体现其中的文化内涵的。

如果我们想在文化翻译中保证文化的原味，就需要从以下几个方面做起。

一、确保文化信息的正确性

文化因素在文化翻译中的重要性不言而喻，它可以直接影响译者的理解。在文化翻译的过程中如果想要将其文化内涵准确地传递出去，就需要译者的深度介入。通常情况下，文化翻译是文化输入和文化输出的重要手段。在文化翻译中，译者的主要任务是将源语言中涉及的文化内涵传递出去，从而体现原著的文化思想。一般情况下，在中国文化翻译中最先涉及的是"文化词"的翻译。从文化翻译者的角度来讲，如何正确处理文化因素是他们需要面临的难题之一。如果在文化翻译的过程中，所传递的文化信息是错误的，那么这对文化传播不会起到任何的积极作用，甚至还会影响文化自身发展。由此不难看出，文化翻译者在翻译之前务必对原著文化有一个深度的认识。

例如，英文表达"What a capital idea!"（真是一个好主意！）中的"capital idea"是俚语表达，即"值钱的想法或者主意"，如果只注重字面意思，可能被译作"多么好的投资想法呀"。

在文化翻译中，确保文化信息的重要性是翻译的前提与基础，只有这样才能保证传递的文化信息是正确的，保证文化的原味。

二、保证宏观上的"原味"

文化的载体是语言，语言文字是传递文化信息的手段。但是，浸润于语言之中的文化有浅有深。文化信息在文化翻译中的传递也有微观与宏观、浅薄和厚重之分，对字面上的"原味"的追求，是对微观上的原味的浅薄的追求；而如果摆脱了对字面上的"原味"的斤斤计较，则是为了对宏观上厚重的文化原味更好地保持。

有两种主要倾向存在于文化翻译中，一种是舍"面"而求"点"，从而失去了"原味"，凸显了"异味"；另一种是舍"点"而求"面"，虽然字面上的"原味"失去，深层意义上的"原味"却得到保留。

（一）追求微观"原味"，丢失宏观"原味"

"原味"有宏观和微观的区别。如果过分地强调文化翻译中的"字面原味"，追求微观"原味"，往往会导致缺失宏观"原味"，产生"异味"。美国作家赛珍珠（Pearl S. Buck）在对中国小说《水浒传》进行翻译时，强调保持原作的风格和特色。以下几个例子是她在这种思想指导下的翻译（例 4-2-1、例 4-2-2）。

例 4-2-1

你在家时，谁敢来放个屁？

（《水浒传》第 24 回）

译文：When you were at home, who dare to come near and pass his wind.

例 4-2-2

三番五次，留得宋江，就在山寨里吃了一日酒。

（《水浒传》第 36 回）

译文：Three times and five times, they did try to stay Sung Chiang and so he feasted for a day in the lair.

从上面的两个例子中，我们不难发现译者将"放屁"翻译成"pass his wind"，同时译者将"三番五次"翻译成"three times and five times"。在英语中"pass one's wind"指的是将体内的废气排出，是一种自然生理现象。另外，译者用"three times and five times"这种具体的次数来翻译"三番五次"，明显是误译了中国人留客人的传统习俗，这两个句子中的翻译很难体现原著文化，使其丢失"原味"。此外，如果按照这样的方式翻译，我们可以想象到译文读者和我们在读原文时的感受是不一样的。反过来讲，如果译者将"放屁"翻译成"challenge me"，将"三番五次"翻译成"again and again""almost"等，此时译文读者的感受则与之前有明显的变化，对原著文化也有了清楚的认识。

（二）巧用微观"异味"，保留宏观"原味"

从某种意义上来讲，语言和文化之间的关系是个体和整体间的关系。我们要清楚地认识到两个民族之间的文化差异是客观存在的，如果我们在文化翻译中过分追求字面上的意思，就会出现强调个体而忽视整体的问题，这就无法达到文化传播的目的。反之，不拘泥于字面的表达，从原著的思想内容、写作风格、文化趋向等方面进行翻译，就是对整体文化的追求。在文化翻译中，有时我们也可以巧妙运用微观"异味"的方法进行翻译，从而体现宏观上的"原味"（例4-2-3）。

例4-2-3
旁边一人鼓掌大笑曰："此事易如反掌，何必多议！"

（《三国演义》第2回）

译文1：Then one of those about him suddenly clapped his hands, crying, "It's as easy as turning one's hand! Why so much talk!"

（C. H. 布雷维特·泰勒）

译文2：Then one of those about him suddenly clapped his hands, said loudly, "It's a piece of cake! Why so much talk!"

（作者译）

原著中的"易如反掌"主要表达的是说话人的看法和信心，所以译者在翻译时将其翻译成"a piece of cake"，以此来再现其神态，这样的翻译也可以使译文读者更好地理解，同时这样的翻译也最大限度地保留了文化原味、体现了原文的风格特点。

三、确保读者理解译文的文化信息内容

要让译文读者对译文的文化内涵有足够的理解，译者对理解的问题的考虑要站在译文读者的立场上。比如，有人曾经译介《王若飞在狱中》这本书时这样翻译其书名"Wang Ruofei in Prison"，结果阅读的人很少。当读者被问及为何不读时，他们这样回答："犯了罪关进监狱是正常的，没什么好看的。"但有人建议，翻译时引用英国诗人罗伯特歌颂革命志士的诗歌中的一句"An Iron Bar, But Not a Cage"，将"关住了肉身，但关不住心（意志）"的革命者气质体现出来，就会产生不一样的结果。如果译文读者在其所处的文化社会背景下看不懂翻译的作品，文化推介的目的就无法实现（例 4-2-4）。

例 4-2-4

子龙见妇人身穿缟素，有倾城倾国之色……

（《三国演义》第 52 回）

译文 1：The woman was dressed entirely in white silk and her beauty was such as to overthrow cities and ruin states.…

（C. H. 布雷维特·泰勒）

译文 2：The woman was dressed entirely in white, and her beauty was just like Helen of Troy.…

（作者译）

我们从译文 1 中可以看到译者用"her beauty was such as to overthrow cities and ruin states"来翻译"有倾城倾国之色"，但是这种翻译方式很难让译文读者理解原文中的文化内涵。反过来，译文 2 中作者用"Helen of Troy"来翻译"有倾城倾国之色"，这样译文读者就容易理解原文中的文化内涵。

第三节 二度性过滤与创造性叛逆

一、译者介入在文化翻译中的必要性

为了减少文化的误读和误传，译者需要介入文化翻译过程进行过滤性处理。比如，中国的"西部大开发"（Development of the West Regions 或者 Western

Development）是指中国对占国土面积71.4%，约685万平方公里的西部12个省、自治区、直辖市进行发展规划，与美国印第安人血泪史的"West Movement"（西进运动）存在本质上的区别，所以，翻译要避免简单地进行文字等同处理。

（一）文化缺位与文化错位

造成文化缺位的主要原因是不同民族在经济发展、政治制度、物质环境、历史变迁、风俗传统和思想意识乃至语言系统等方面所存在的独特性。文化缺位的主要特征是民族属性和时代属性。有些词语能够体现出明显的民族特征，如英语中的"the first Lady"，汉语中的"妯娌"等；有些词语则将明显的时代特征体现出来，如汉语中的"汉奸""倭寇""三角债""同志"等，英语中的"Prisoner Abuse Event"（虐囚事件）、"Enclosure Movement"（圈地运动）、"Industrial Revolution"（工业革命），这些文化词都是在特定的历史时期出现的。

所以，译者需要灵活变通地翻译文化缺位词语。比如，汉语的基础计数单位包括"个、十、百、千、万和亿"，而英语的基础计数单位只有"个，十（-ty）、百（hundred）, 千（thousand）, 百万（million）和十亿（billion）"等，英语中出现了"万"和"亿"的缺位，只能用转换表达的方法，分别翻译成"ten thousand"和"one hundred million"。又例如，在英语中出现汉语"八股文"的缺位，如果翻译成"eight-part essay"，会导致外国读者误解。当译者介入后转译作"stereotyped essay"，也许会产生不一样的结果。

（二）文化词语的假性等值

两种语言中文化词语虽然表面上看是等值的，但其内涵却具有显著的倾向性差异。许国璋先生认为有两种情形存在于词的文化内涵中：一是词的文化内涵在本族语中大于它在外国文化中的内涵，二是在本族语文化环境中词的文化内涵小于外国文化环境中词的内涵。因此，在处理文化词语时，要采取一些必要的补救措施，尽量传递出原文的文化内涵。例如，英语里表示结婚的词语只有marry一个，而汉语里表示结婚的词语有娶、嫁、入赘，具有明显的文化倾向性，为了体现汉语的文化内涵，应分别用marry（娶), marry to（嫁）和be matrilocal（入赘）来表达。

二、跨文化翻译中的二度性过滤

语言承载着文化，往往能够反映出民族文化特征。在社会制度、地域环境、思维观点、历史沿革等差异的影响下，本民族与他民族文化间的文化现象和文化形态呈现的关系往往是非对应性的。巨大的差异存在于英语文化和汉语文化的价值观念、意识形态、思维方式和风俗习惯等方面，文化缺位和文化词语的假性等值现象也不可避免。所以，译者往往需要二度性介入英汉互译的过程中。

二度性过滤翻译的过程是指译者在两种语言系统下完成释码和再编码的翻译转换，即解读原文本符号的信息得到意义阐释，再从意义的阐释到译文本符号创设的二度性过滤转换。

第一次介入是文化的解码与阐释的过滤完成，即将原文本符号的文化信息解读完成到阐释文化意义，第二次介入是基于过滤解码创造性地再编码，完成文化信息的输出，即从阐释文化意义到再编码译文本符号的文化信息输出。文化的差异性会带来翻译困难和问题，译者的二度性介入会解决这个问题，推动文化信息的有效传递和文化翻译目标的实现。

文化缺位和文化词语的假性等值所造成的文化错位都需要译者的二度性介入。译者的过滤包括理解性过滤和表达性过滤。

（一）跨文化翻译中的理解性过滤

在文化翻译中，一些文化因素需要译者在理解的过程中介入，而译者对原文的理解也直接影响了原文化信息的效果。

第一，译者对源语言文化有一个正确的理解。如果译者对源语言文化的理解有偏差，那么其翻译势必导致文化信息的错误传递。例如，我国中医素来有"针灸疗法"，其主要是通过针刺、艾灸的方法来治疗疾病。针法主要是运用金属制成的针刺入患者的穴位，并运用手法来调整营卫气血；灸法主要是将艾条、艾柱点燃，温灼穴位的皮肤表面，从而达到温通经络、调和气血的目的。为此译者在翻译时，应将其翻译成 acupuncture and moxibustion，而不是翻译成 injection，这主要是因为 injection 属于西医的治疗方法，即将液体药物注入人体之中，以此来治疗疾病。而这两种治疗方法在治疗原理和治疗过程中有明显的差别。

第二，译者要分清楚字面含义和深层内涵之间的关系。一般情况下，一些简单直接表述的背后往往蕴含着丰富的文化内涵，这就要求译者在充分理解原文文化的基础上，对其进行更深层次的文化翻译。

例如，在汉语中我们习惯性地将那些帮助别人达成美满姻缘的人称之为红娘，当然在现代社会中我们也会用红娘来形容那些为各方牵线搭桥、促成事情的人或组织，所以在翻译中就不能将其简单地翻译成 a red woman，译者应结合对原文文化的理解作具体的翻译，将其翻译成（marriage）go-between。此外，汉语的还有一些词语也不能简单直接地翻译，如红白喜事应该翻译成 wedding or mourning ceremony，而不是 red and white happiness；红包应该翻译成 money gift，而不是 red bag、red packet、red envelope。

（二）跨文化翻译中的表达性过滤

在文化翻译中，一些文化因素需要译者在表达过程中介入，译者的表达也十分重要，这主要是因为译者在对原文文化理解的基础上，译文的表达方式直接反映了译者对原文文化的理解和接受程度。在上文的分析中，我们讲到译者对原文文化的理解不到位会影响文化传递的正确性，而译者的表达也会直接影响文化传递效果，如果其译文表达超出了译文读者的文化认知范围，那么文化翻译将无法达到预期的效果。

由此可以看出，译者在文化翻译中也要进行表达性的过滤，从而让译文读者更好地接受原文文化。

第一，顺应译文读者文化的认知需求。通常情况下，人们都会以大脑中现有的知识信息来理解新鲜事物，所以如果译文超出了读者现有的认知范围，那么译文读者将很难理解译文，一些译文读者甚至会结合现有的知识信息对译文进行胡乱揣测，这将会曲解原文中的文化。一般情况下，我们对异域都是十分陌生的，为此在文化翻译中如果译者不对其进行表达性过滤处理，译文读者势必很难理解其中的文化含义。所以，译者在文化翻译中可以运用替代转换、释义增补的方式进行微观性文化归化处理（例4-3-1）。

例4-3-1

He is a modern Samson.

译文 1：他是一个现代的参孙。
译文 2：他是一个现代的大力士。

原文中的 Samson 是《圣经》中的一个人物，在书中他是一个力气十分大的人，并因此而闻名，后来人们用 Samson 来指代大力士。中国大部分的读者都没有读过《圣经》，对于他们来讲，如果我们按照译文 1 的方式进行翻译，那么大部分的人将很难理解原文的含义，但是如果我们按照译文 2 的方式进行翻译，译文读者即便是没有读过《圣经》，也会理解其中的含义。

第二，顺应译文读者的习惯和思维。美国著名的作家赛珍珠强调通过字面的含义来表达原文的含义，但是这样的翻译方式往往很难达到预期的效果。例如，赛珍珠在小说《大地》(*The Good Earth*) 中有段是关于王龙结婚当天的情景——客人称赞王龙妻子菜做得好时的反应，她是这样描述的（例 4-3-2）。

例 4-3-2

"It is poor stuff, it is badly prepared." Wang Lung said again and again in reply.[①]

译文："东西不好，厨艺也差。"王龙则一遍又一遍地回答说。

（赛珍珠）

从上面的例句中我们可以发现，赛珍珠用"poor"和"badly"来表现客人称赞王龙妻子菜做得好时王龙的反应，这样的表达方式完全曲解了中国人谦虚的文化内涵，让译文读者误以为中国人用不好的东西来招待客人。从中国人文化习俗的角度来讲，中华民族向来具有谦虚的特性，为此在面对别人称赞的时候往往表现出否定的态度，而西方则比较注重个人价值，他们十分乐意接受别人的称赞，为此在翻译时我们要顺应译文读者的习惯和思维，将其翻译成"Thank you！Thank you！"，这样的翻译会产生很好的效果。

例 4-3-3

原文：He was so fond of talking that his companion nicknamed him "magpie".

译文：他喜欢说个不停，所以他的同伴给他起了个"麻雀"的外号。

在英语表达习惯中，人们往往将爱唠叨的人称为 magpie（喜鹊），但是在中国传统习俗中，喜鹊是一种吉祥的象征，所以在翻译时顺从了中国人的习惯，将 magpie 翻译成了麻雀，这样不仅可以让译文读者正确了解原文的含义，同时也忠

---

① Pearl S. Buck, *The Good Earth*, Oversea Publishing House, 2005, p.14.

实地传递了作者的意图（例4-3-3）。

最后，还要与流畅的表达需求相迎合。翻译作品是人们用来阅读欣赏的，因而读者欢迎流畅自然、通俗易懂的译文，很难喜欢那些晦涩生硬的译文。一方面，翻译作品所展示的原文文化不是单个的文化承载符号，而是深层的价值观念、哲学思想、人伦风俗；另一方面，翻译作品的首要功能是将异域文化的魅力展示出来，激发读者的兴趣，吸引读者的注意。读者更容易被通俗易懂的译文吸引，从而深入地学习和研究该文化，使文化交流和传播的目的达成。

比如，"许多人之所以吻婴儿，只是因为照顾婴儿的护士漂亮"是英语句子"Many kiss to the baby for the nurse's sake"的字面意思，但其与汉语里的"醉翁之意不在酒"有着相似的内涵意思，借用汉语的类似表达，既做到了通俗易懂，又能使文字表达的品位得到提高，何乐而不为呢？

例4-3-4

原文：游泳池里有太多人，简直像芝麻酱煮饺子。

译文1：There are too many people in the swimming pool. It was packed like cooking Jiaozi。

译文2：There are too many people in the swimming pool. It was packed like sardines。

译文2套用的习语packed like sardines有着相同的英语含义，相比于译文1，既通俗易懂又表达了原文的含义（例4-3-4）。

三、跨文化翻译中的创造性叛逆

译者通过努力有目的地造成译文与原文偏离的行为就是创造性叛逆。创造性叛逆的概念由法国文学社会学家罗贝尔·埃斯卡皮（Robert Escarpit）提出。罗贝尔·埃斯卡皮用"创造性叛逆"形容文学翻译中的这种有意使译文与原文偏离的叛逆行为。他的观点是翻译总是一种创造性叛逆，因为译文在参照系（语言、文化）上与原文不一样，译文中的创造性往往体现为一种新出现的形式或者负载着崭新的内涵，它为作品赋予一个崭新的面貌，使更广泛的读者能与之进行一次崭新的交流。这种"叛逆"将新的生命注入给原作。

在某种明确的再创作动机驱使下，翻译主体完成了创造性翻译行为，这就是创造性叛逆。基于翻译对文化上的差异和表述上的困境的必然涉及，任何翻译对原作都注定存在着不同程度的叛逆。创造性叛逆如果成功，就是一种增值翻译，创造性叛逆要接受文本限制，同时又必须实现对文本的超越。创造性叛逆翻译的前提是考虑主体文化的规范和接受环境的制约，这样才可能产生增值效果。

（一）减少文化欠额

从翻译行为的目的性出发，德国功能派提出了"翻译目的论"。其以"目的准则"为核心原则，即翻译的目的决定了翻译行为。在该理论看来，翻译作为一种文本处理过程是基于原文的，原文仅仅是译者使用的其中一个"信息来源"，不再具有"神圣不可侵犯"的地位，以翻译的目的为根据，译者可以决定保留原文的哪些内容，调整或改写哪些内容。

（二）适应读者的文化认知需求

文化翻译进行的条件往往是转换文化环境，文化接受对象对文化信息的理解和吸收会受到文化背景和文化认知能力的影响，在文化缺省的影响下，译文读者会感到意义真空，无法有效结合语篇内的文化信息、语篇外已知的知识和经验，从而对源语所必需的语义连贯和情境连贯难以建立理解。译者如果忽视了对象的文化认知能力，预期的翻译效果就很难实现。

语言作为一个民族进行思维和感知的工具，除了表达功能，还有认知功能。每种语言都有一种独特的世界观，要想通过语言让一无所知的人了解另一种环境中特有的东西，过滤性创造是必要的，即透过语言的字面含义，对其深层的社会文化内涵产生了解，进而重组编码语言，并呈现给读者。

（三）体现民族文化特色

译者在翻译时，为了保护民族文化特色，常常需要进行叛逆性翻译。国外很多学者对文化翻译中创造性叛逆行为都非常注重，采用"改良"式处理。英国语言学家霍克斯在对中国古典名著《红楼梦》进行翻译时，改动了很多涉及中国文化特色地方，比如，他用"Green boy"翻译《红楼梦》中的"怡红公子"，用"Green Delights"翻译"怡红院"，等等。

综上所述，文化的译介应有强烈的目的性特点，所以文化的翻译应从宏观的整体的文化层面出发，借文字这一载体，使文化在宏观上整体传递，在不对译文读者的理解产生影响的前提下，不局限于字面含义，在处理文化词语和文化现象时采用灵活而恰当的变通翻译表达方式，使文化含义准确传递，从而使高效交流的目的得以实现。

第五章 当代文化翻译的具体应用

前几章我们对翻译、文化翻译以及文化翻译中常出现的问题等方面有了一个全面的介绍，本章主要从翻译应用角度具体分析文化翻译技巧，分别介绍服饰文化翻译、饮食文化翻译、社交文化翻译、节日文化翻译、动物文化翻译、植物文化翻译六个方面。

第一节 服饰文化翻译

服饰是人类独特的劳动成果，不仅体现了物质产品的巨大成果，还蕴含了丰富的精神文明。由于思维方式、价值观念、审美观念等层面的差异性，中西方服饰文化也存在明显差异。教师要想搞好翻译教学，首先就应该清楚中西方服饰文化的差异，进而了解与掌握具体的翻译技巧。基于此，本节就从这两个层面进行分析。

一、服饰文化对比

（一）服饰形制对比

1. 中国人倾向于保守

随着中国几千年的发展，在自我保守、相对稳定的情况下，儒家、道家理念融合，成为中国古代哲学思想的主流。儒家从礼、德等层面对服饰加以规范。道家认为，自然是人类最理想的状态，因此服饰应该与自然相适应，展现出人与自然的和谐相融。在服饰设计上，人们主张对人体加以遮盖，不能炫耀自我，不能过度地表现个体。另外，服装设计要较为宽松，这样给人以无拘无束之感。

在中国传统家庭教育中，服装行为规范被认为是修身的一项内容，并对人们的着装产生了较大的影响。中国服装的遮体设计是严谨、一丝不苟的代表。

中国人对服饰非常注重，即不仅要合乎身份，还要合乎场合。在古代的服饰制度中，对服饰的适用人群、款式、面料等都做了明确的规定。

2. 西方人倾向于开放

西方人强调个性，对个性的推崇体现在服饰上就是夸大自然，强调人的第二特征。男士的服装将胸、肩部的宽阔凸显出来，更要展现腿部的挺拔，这是男性风范的体现。女士的服装要注重胸部与臀部的线条感，同时收紧腰身，这是女性魅力的体现。西方人强调以自我为中心，在服饰上彰显自我、凸显个性。

（二）服饰颜色对比

1. 中国崇尚黑色与红色

在上古时期，中国先人崇尚黑色，认为黑色是支配万物的天帝色彩。因此，夏商周时期，天子会选择黑色作为冕服。

除了黑色外，中国人对红色也情有独钟，红色代表喜庆、热情，因此中国人也喜欢穿红色的衣服，尤其是结婚时，新郎新娘的衣服也会选择红色，代表的是吉祥如意、红红火火。

2. 西方崇尚白色与紫色

西方人在古罗马时期对白色较为推崇。白色在西方人眼中是纯洁、高雅、正直、无邪的象征。尤其是西方人结婚时会选择白色的婚纱，与白马王子步入婚姻殿堂。除此之外，西方人也崇尚紫色，尤其是西方贵族对于紫色情有独钟。

（三）审美基调对比

1. 中国追求"逍遥"审美

"气"在中国古代的服饰中通过"逍遥"来表达自由与精神，中国的"气"与服饰的逍遥美是串联在一起的。仁、义、礼、智在中国古代文化中是人的本性，而与制度达到完全契合的人会形成一种"随心所欲"之感，也就是自由。

2. 西方追求"荒诞"审美

从哥特时期，西方就已经出现了服饰的荒诞，之后出现的文艺复兴、洛可可等风格也体现了荒诞审美。然而，美学上的存在主义出现之后才真正将荒诞视作一种美来呈现。荒诞这种意识为了表现而表现，很多形式美的要素被添加其中，使其完全置于形式表现的氛围中。

20世纪80年代的服饰中，后现代主义风格的主题是凌乱、冲突、反讽等，导致了文身风潮、颓废造型等的出现。20世纪90年代，服饰的荒诞风格在多元化与国际化的影响下，也呈现了多元化。越来越成熟的荒诞的风格融入了各种形式的美。

总而言之，近现代西方的荒诞审美的出现体现了一种和谐的走向，这一时代以这种风格为代表与潮流。当今，我们也并未废弃这种形式，各种创新的形式也在不断出现。

二、中西服饰文化翻译

（一）传达服饰文化属性

从不同角度审视中国的服饰，会看到其中明显的不同，有强烈的情感因素蕴含其中。例如"绣荷包"，站在风俗的角度，这可能是一种定情之物的代表；站在儒家人伦观的角度，这是"三从四德"的中国传统观念的体现；站在审美的角度，这可以说是中国古代的一种工艺品。那怎样使译入语国家读者对不同角度的文化含义有足够的了解呢？这就要求译者对上下文语境以及译入语国家所处的民族、风俗、审美习惯等予以考虑，揭示出隐含的民族文化语义。可以将"绣荷包"三个角度的理解翻译如下。

代表定情之物。

a token of love for male and female.

代表三从四德。

wifely submission and virtue in Confucianism the three obedience(in ancient China a woman was required to obey her father before marriage, and her husband during married life and her sons in widow hood) and the four virtues (fidelity, physical charm, propriety in speech and efficiency in needle work).

代表手工艺术。

the magnificent hand made folk art.

（二）传达服饰功能

作为人类穿戴的物品，服饰首先服务于人们的生活，所以必然具有自身的用途与功能。这就要求译者在翻译时传达出服饰的功能，即要将某一服饰产品的用途告诉译入语读者。中国有很多中华民族特有的传统服饰品，很多外国人认为很新鲜，甚至鲜有听闻。最好在音译的基础上阐释这类翻译，方便译入语国读者理解与把握。比如，云肩。

Yun-jian (a kind of shawl, a women's distinctive and decorative accessory wrapped around the shoulders, which is made of colored silk brocade and embroidered with four symmetrical and connected moire pattern.)

如果直接用 Yun-jian 翻译"云肩"，显然无法让译入语国读者理解，因此有必要在括号内加以解释。这是在对 Yun-jian 进行补充解释，使得译入语国读者一目了然，要展开对该服饰品后续的文化解读，必须让译入语国读者清晰地把握该服饰品的功能。

（三）把握英美习语内涵

很多与服饰相关的习语存在于英美习语中，应该追本溯源地翻译，挖掘出习语的内涵。比如：

① a bad hat
② at the drop of a hat
③ hat in hand

①的含义是"坏蛋、流氓"，并不是"坏帽子"，美国文化中这个习语常用来代表"蹩脚的演员"，指代那些无用的人。"帽子掉地上"并不是②的意思，"火暴脾气的人"才是。这个习语的起源是，以前的战斗中，裁判员发出可以开枪的信号时会突然将用手举着的帽子扔到地上。③的意思并非"手里拿着帽子"，而是"没有办法只好求人帮忙"，指的是一些老百姓面对权贵往往会脱帽致敬，这一点代表的礼仪与中国传统礼仪相似。

（四）把握文化空缺词

词汇表达受到英汉不同的物质文化的影响，具有差异性，最突出的表现就是文化空缺词。某一民族特有的词汇就是文化空缺词，其可能逐渐形成于历史长河中，也可能属于该民族的独创。

翻译这类词时，不能单纯按照字面意思，而是要传达出其在原文中的效果，将原作中的文化内涵翻译出来。比如，西方对于帽子，就有很多表达方式。

bowler　圆顶礼帽

fez　红毡帽

stetson　牛仔帽

skull-cap　无檐帽

第二节　饮食文化翻译

一、饮食文化对比

（一）饮食观念对比

1. 中国人追求美味

追求美味，即讲究食物的味道要好，是中国人的饮食观念，因此中国的厨师们往往在食物的味道改良上费尽心思。简单讲，重视菜肴的味道，不过分展露菜肴的形色是中国饮食观念最重要的一点。

此外，各种宴席中，大部分中国人都习惯于围坐在一起，桌子中间放着所有的食物，无论是凉菜、热菜还是甜点等。同时，中国人分配座位会以用餐人的身份、年龄、地位等为根据，人们在宴席上会互相敬酒、互相让菜，体现出一种团结、祥和的氛围。由此可见，中国人追求"团圆"的理念与这一做法相合，用餐人"团结、礼让"的美德也就此体现出来。中国人强调全局，对集体观念较为重视，这样的饮食习惯便产生了。

2. 西方人追求营养

营养与科学是西方人饮食关注的重点，他们最高的饮食标准就是保证食物充足的营养。换言之，食物的营养在西方人眼中居于主要地位，次要地位才是味觉享受。西方人非常注重饮食中的理性，并不过分推崇口味，有着非常简单的饮食结构，更加强调食物的营养价值。

西方人用餐一般采用食制进餐，即互不干涉地用餐。人们在西方的宴会上也秉持着交流情谊的目的，往往布置出非常优雅、温馨的宴会。西方人非常钟爱自助餐，依次排开食物，大家索取自己需要、喜欢的食物，这为大家随时走动提供了方便，也有助于促进交往。由此可见，西方讲究实体与虚空分离的饮食习惯，他们尊重个体，对形式结构较为注重，重视突出个性。

（二）饮食对象对比

1. 中国讲究主副搭配

中国人饮食既有主食也有副食，主食以米、面等粮食为主；副食以肉类、蔬菜制成的菜肴为主，不喜欢生吃蔬菜、肉类，喜欢吃熟食、热食。通过主副搭配的每一餐，融合淀粉、肉类、蔬菜，这才是中国人眼中的一顿饭。中医认为，生冷食物容易影响体内脏器，所以中国人喜欢在加热食物之后再进食。包子、粥配小菜或豆浆配油条是传统的中式早餐。大米饭配有荤素的两菜一汤是中国南方多数家庭的午餐晚餐。

2. 西方以面包为主

面包几乎贯穿了西方的一日三餐，即主食是面包，且多为咸面包，同时用冷饮辅食。涂有奶油或果酱的烤面包、配有牛奶或燕麦粥往往是西方人的早餐；一份加鸡蛋、蔬菜、奶酪、火腿等的三明治面包往往就是简单的午餐。另外，西方人喜爱甜点，将之作为饮食的一部分。

一般的正餐在主菜或者汤过后，甜点就会作为最后一道菜被带上餐桌。面包一般搭配汤一起吃，甜点之后，是喝茶或咖啡的时间。西方人一般用蛋奶或肉类制作主菜，比如各种各样的熏鱼、牛排等，肉类一般为三五成熟，蔬菜多为生食，甜点多为生冷食物，如冰激凌等。

（三）饮食方式对比

1. 中国饮食方式繁多

中国的饮食对象非常广泛，烹饪方式繁多，因此烹饪的程序也并不是唯一的，而是富有较大的变化。比如说"宫保鸡丁"这道菜，在中国不同的地方会吃出不同的味道，甚至味道的差别很大。在辅料上，中国的食物往往以"一汤匙""适量"等来描述，这样就导致没有一个统一的标准，不同的厨师做出来的也必然有所差异。

在烹饪程序上，厨师往往会自由发挥，不会严格按照标准来烹饪，因此导致中国的这片土地上产生了很多的菜系。为了追求味道的鲜美与独特,厨师们往往会根据季节、客人情况等将同一道菜做出不同的味道。

2. 西方饮食方式单一

西方的饮食强调保持食物的原汁原味,饮食对象较为单一,他们吃的目的在于生存与交往,因此他们的烹调程序往往按照一套标准来完成。相较于中国的菜谱,西方的菜谱整体上更为精确,调料的添加、烹饪的时间都有严格规定,这样才能保证食物与配料添加的比例。

二、中西饮食文化翻译

(一)以形象手法或典故命名的菜肴的翻译

中国菜肴中有很多用形象手法或典故命名,在翻译这些名字时,应该还原菜肴的本源,力求翻译出其原料、做法等,并且兼顾使用合适的修辞方式。

比如,中国菜名为了取吉祥的寓意,常会在名字中使用一些不能食用的物品,如"翡翠菜心"。显然,我们无法食用"翡翠",它象征着蔬菜艺术化,因此在翻译时应该省略"翡翠"。又如,四川地区的名菜"麻婆豆腐",传闻其制作者是一个满脸长满麻子的婆婆,但是西方人并不了解这一典故,因此不能以 a pockmarked woman's beancurd 来直接翻译,而应该重点描述这道菜味道的特殊性,便于译入语读者理解,可以翻译为"Mapo tofu stir-fried tofu — the recipe is attributed to a certain pockmarked old woman."。

(二)菜肴文化翻译

西方人在烹饪菜肴时对食物搭配、营养配比非常注重,因此相较于中式菜肴,西方的菜肴种类较少且其菜名非常直白、简单,命名时往往使用国名、地名、原料名,如丹麦小花卷、牛肉汉堡等。

关于翻译西方菜肴文化,人们有不同的看法,有人认为应该意译,即以中国类似菜品的名字代之。例如:

sandwich　肉夹馍

spaghetti　盖浇面

但是,一些人并不认同这样的翻译,虽然两种食物有相似的外形,但有明显不同的味道、材料，因此这样的翻译是不正确的。为了追求正确翻译，将西方菜肴的韵味反映出来，作者认为翻译时将直译与意译相结合。例如：

potato salad　土豆沙拉

grilled chicken　香煎鸡扒

apple pie　苹果派

corn soup　粟米浓汤

shrimp toast　鲜虾吐司

vegetable curry　蔬菜咖喱

（三）酒文化翻译

西方的酒文化有着悠久的历史，在历史的积淀下，西方的酒文化逐渐形成自身的特点。西方有很多关于酒文化的起源的说法，但是大多都认为其起源于神话故事。英语中，有很多与酒神有关的词语。例如：

bacchus　酒的通称

bacchant　狂饮酒作乐的人

bacchic　狂欢醉酒的人

bacchae　参加酒神节狂欢的妇女们

翻译酒名时，一般有以下几种翻译技巧。

1. 直译法

有些酒名翻译时采用直译法，翻译效果较好。例如：

Bombay Sapphire　孟买蓝宝石

Canadian Club　加拿大俱乐部

2. 音译法

在西方酒名的翻译中，音译法是最常见的方法，且主要适用于原有的商标名没有任何其他含义的情况。例如：

Vermouth　味美思

上例中 Vermouth 本义为"苦艾酒"，因为其在制作过程中添加了苦艾叶，且以葡萄酒作为酒基，因此微微带有苦涩的味道，但是如果仅仅以其中的一个原料命名实为不妥，听起来给人以忧伤的感觉，与葡萄酒香甜的味道相违背，因此采用音译，改译为"味美思"更恰当。

3. 意译法

除了直译与音译外,意译也是西方酒文化翻译的常见方法。例如:

Pink Lady　粉红佳人

Wild Turkey　野火鸡

第三节　社交文化翻译

一、中西方委婉语文化翻译

在社会交往过程中,为了避免因为谈到一些尴尬的事情而影响交际的顺利进行,人们往往会利用暗示、含蓄、礼貌、委婉的方式来表达,这些含蓄的表达方式日积月累之后便形成了一种特殊的社交用语——委婉语。作为一种修辞格,委婉语不仅是一种典型的文化现象,还是协调、调节人际关系的重要方式。

(一)直译法

翻译时应尽量采用直译的方法,来翻译英语和汉语中在语义和文化上刚好对应的委婉语。这是翻译委婉语的首选也是最佳的方法,有助于保持原文的语言风格和文化内涵。比如:

几时我闭了这眼,断了这口气……

(《红楼梦》第29回)

Once I closed my eyes and breathed my last ...

(杨宪益译)

这个例子中,翻译委婉语"闭眼""断气"时,杨宪益选择了直译的翻译方法,在其《红楼梦》英译本中有很多这样处理的例子存在。

(二)意译法

受历史背景、习俗观念以及语言文化等因素的影响,将一种语言中的委婉语翻译成另一种语言时往往无法在目的语中找到对应的词语,这种情况下的翻译不能用直译法,但可以采用意译法。比如:

西凤姑娘仗着老太太这样的厉害，如今"焦了尾巴梢子"了，只剩了一个姐儿，只怕也要现世现报？

（《红楼梦》第 117 回）

Xifeng was so ruthless when she had the old lady's backing that now she died sonless, leaving only one daughter.She is suffering for her sins!

（杨宪益译）

在上面的句子中，sonless（没有子嗣）就是"焦了尾巴梢子"的意思。同样，在中西翻译中，当中西方委婉语具有差别很大的内容和形式的时候，译者也往往要放弃保留原文表达的形式而采用意译的方法翻译出源语言中禁忌语和委婉语暗含的意义。

二、中西方禁忌语文化翻译

从辩证层面来分析事物，可以得知事物都具有两面性，即个性与共性，二者相结合构成了一个统一的整体。对于中西方禁忌语而言，受不同社会环境的影响，二者的差异性较大，但这并不能否认二者之间所具有的共性。整体上来看，中西方禁忌语具有以下两方面的共性。

第一，中西方语言中关于疾病、死亡的相关词语或表述都属于禁忌语的范畴。例如，英语中 die 这一单词的意思是"死，死去、死亡"，日常生活中为了表示忌讳往往会使用别的说法来代替，如 gone, be gone, pass away 等。同样，在汉语中，当人们提到"死"时，往往会用"走了""不在了""牺牲了""与世长辞""驾鹤西去""安息""长眠""辞世了"等说法来代替。

第二，在中西方语言中，关于人生理隐私方面的内容，如性、排泄等，都属于禁忌语，提到这些内容时，要么回避，要么用一些委婉的词语来代替。例如，在汉语中，人们在提到人体排泄时往往会使用"大便""小便"等。在英语中，去厕所往往会用 move the bowels, make water, go to washroom, wash one's hands 来表示。

由于中西方具有较大的文化差异，因而禁忌语在很多方面都是不同的。

第一，中西方对老年人的态度、称呼也有所不同。在中国，"老"意味着受人尊敬，是经验丰富的代表，如"老骥伏枥""老马识途""姜还是老的辣"等，很多词语或俗语都对这一点有所反映。但是，在西方国家，人们对他人说自己"老"比较忌讳，因为这是这个人青春已逝、毫无用处的象征。

第一，中西方国家在个人隐私层面也具有不同的禁忌。在西方国家，个人的生活与自由不受他人干涉，都是独立的个体。如果个人的自由与隐私遭到干涉，交际关系就会受到严重影响。通常情况下，西方人之间是不会谈及个人隐私的。所以，下列问话往往很少发生。

What is your income?

How old are you?

中国与西方人不同，讲究以和为贵，对集体观念较为重视，因而人与人之间有着亲密的距离，只有较少的个人隐私，所以很少有禁忌的内容。人们在日常交谈中，谈话的内容往往会涉及彼此的家庭、婚姻、收入、职业等，双方亲密的关系通过这方面的内容交流得到显示。

在中国，还有一些对于数字的禁忌，如"4"，这一数字有着和"死"一样的发音，因而人们在生活中对这个数字比较忌讳，电梯楼层按键和医院床位也不设置"4"，而是代以其他数字。

在西方国家，人们比较忌讳数字"13"。因为"13"是不祥的象征，人们很少在生活中提到这一数字。

中西禁忌语既有共同性又有独特性，在翻译二者时，有以下几种常见的方法。

（1）保留源语的禁忌形象

中西禁忌语既有共性又有差异。所以，在翻译过程中可以保留一些特殊的禁忌语的源语，如此一来不仅可以将语言的生动性体现出来，还可以使目的语的语言更加丰富，也可将源语所具有的文化意境提供给目的语读者。英汉语言中许多禁忌语相似甚至相同，可以在翻译中发现它们的对等功能。比如，翻译中的"死"字。

to depart the world of shadows　　命归黄泉

to breath one's last　　咽气

（2）将源语的禁忌形象保留并添加注释

有些禁忌语似是而非，好像既是在指称禁忌语指称的事物，又好像不是在指称禁忌语指称的事物，在翻译过程中可以在源语形象保留的同时添加注释。如此不仅可以充分保留源语的文化色彩，还方便目的语读者更好地理解与接受。

white meat　鸡胸肉（注：维多利亚时代，受过良好教育的上层社会侍女被禁止在社交场合使用 breast、legs、thigh 这一类含有淫秽含义的词语。所以，用 white meat 指餐桌上的鸡胸肉）。

第四节　节日文化翻译

节日是指一年中被赋予特殊社会文化意义并穿插于日常之间的日子，是人们丰富多彩的生活和社会活动的集中展现，是国家、民族、各地区的政治、经济、文化、宗教等的总结和延伸。节日文化作为民族文化的重要组成部分，可以反映出民族特征。本节就中西节日文化差异与翻译进行研究。

一、中西节日文化差异分析

关于中西节日文化差异，这里重点从中西节日活动与中西重要节日两个方面展开讨论。

（一）中西节日活动

1. 中国节日活动

饮食可以说是中国节日活动最突出的特点，几乎每个节日都与饮食有关。例如，元宵节吃汤圆、端午节吃粽子、中秋节吃月饼等。

中国节日活动中的饮食习惯独具特色，具体体现为以下几点。

（1）全家共享

在中国，人们庆祝节日一般是以家庭为单位，以饮食为中心而进行的。汉语中有"每逢佳节倍思亲"的说法，中国人认为，节日应回家与家人团圆。中国的春节、元宵节、中秋节都表达出了合家团圆的美好愿景。此外，节日中的食物大多是圆形的，如元宵、月饼等，是团圆的象征。

总之，在节日期间，一般是以家族的形式进行集体的娱乐性活动，体现了中国人以家为中心的群体组织特点。

（2）饮食名称具有丰富的内涵

在中国传统文化中，节日饮食通常会被赋予独特的文化内涵。人们通过食物传递祝福和祈愿，表达人对自然、天地万物的感恩之情。例如，在冬至，中国人有吃饺子的习俗，冬至正值阴阳交替、阳气发生之时，寓意祖先开混沌、创天地，冬至吃饺子体现了中国人对祖先的感激与缅怀之情。

（3）与时令相对应

中国节日中的饮食非常讲究与自然时序相对应，希望能健康长寿。例如，端午节源于夏至，在这一时期，农作物生长旺盛，病虫、杂草易滋生。在此期间，人们要管理好自己的田地，祈求祖先保佑农作物丰收。在端午节这天，人们以粮食黍米祭祀祖先，后来逐渐演变成今天的端午节。

2. 西方节日活动

西方节日中也会涉及饮食，但不如中国节日那样重视。西方节日中的食物或名称也基本没有太多的文化内涵。例如，美国人感恩节吃南瓜馅饼也只因南瓜是常见的一种植物。此外，西方节日饮食种类相对较少。

西方节日庆祝更强调分享，注重节日中人与人之间的交流与互动。例如，在圣诞节，人们互赠礼物和贺卡，在交往中获得乐趣，增进友谊。此外，节日期间的一些活动，如南瓜赛跑、玉米游戏、蔓越橘竞赛等，体现了西方人注重分享的理念。

（二）中西重要节日

中西方在历史发展的过程中形成了各种节日。

1. 春节与圣诞节

（1）春节

在中国的节日中，春节是最隆重的节日。春节是辞旧迎新的日子，也是比较繁忙的日子。传统意义上，春节从腊月初八腊祭开始一直持续到正月十五，其中除夕与正月初一是节日的高潮。

在中国，刚进入腊月，人们一般就开始为春节的到来做各种准备。腊月二十三，人们打扫房屋，称为"除尘"，由于"尘"与"陈"谐音，打扫尘土则意味着"除尘布新"，寓意清理所有的晦气、霉运。该习俗体现了人们辞旧迎新的美好愿望与祈求。

春节期间，远离家乡的人要回家与家人团圆，除夕夜一起吃团圆饭。吃饭时，人们说一些吉利的话语,如"发财""顺利""安康""幸福""年年有余"等,忌讳说"少""破""死"等不吉利的话。

中国春节除了亲朋好友团圆,还有祭拜历代过世祖辈的习俗。在除夕夜或正月初一的清早,人们会到坟地里烧香、烧纸等,寓意请上辈人回家团聚。

春节期间,还有丰富多彩的节庆活动,如舞狮子、演社火、耍龙灯、赏灯会、逛花市等。

总之,从除夕夜到正月十五,中国人沉浸在浓浓的节日氛围中。

(2)圣诞节

对于英美等西方国家来说,圣诞节是最隆重的节日。

在英国,自12月25日圣诞节后,人们会持续欢宴12日,这一阶段被称为圣诞季节(Yuletide)。在节日期间,人们不必工作,可以好好地放松。

在美国,人们一般从平安夜(Christmas Eve)开始为圣诞节的节日活动做准备,一直持续到1月6日的主显节(Epiphany)。这段时间被称为圣诞节节期(Christmas Tide)。

在西方,人们将圣诞节与新年连在一起庆祝,且庆祝方式隆重,属于全民性的节日。

在圣诞节期间,圣诞树是重要的装饰品。西方人认为,红、绿、白是圣诞的吉祥色,所以用这三种颜色的彩灯、气球、纸花来装饰绿色的圣诞树,点燃红色的圣诞蜡烛。在圣诞节期间,小朋友最期盼圣诞老人可以送给他们一份惊喜的礼物。

圣诞节是西方人家人团聚的节日,全家人围坐在圣诞树下,享受美食,唱圣诞歌,祈求来年幸福、健康。

2. 七夕节与情人节

(1)七夕节

关于中国的七夕节,民间流传着一个非常浪漫的神话传说。传说中,牛郎是一个小伙子,聪明忠厚,父母早逝,常被哥嫂虐待。牛郎有一头老牛,这头老牛原本是天上的灰牛大仙,并非普通的牛,它只因触犯天庭,所以被贬到凡间。有一天,老牛摔坏了腿无法动弹。善良的牛郎悉心照料老牛,白天为老牛治伤,晚上也睡在老牛身边,这样过了一个月,老牛的伤终于好了。

牛郎的哥嫂不断虐待他,将他赶出了家门,牛郎从此和老牛相依为命。有一天，天上的织女和其他几个仙女一起下凡玩耍，在河里洗澡。老牛给牛郎出了个主意，将织女的衣裳偷偷拿走，仙女们急忙上岸穿好衣裳飞走了，织女被单独留下。牛郎和织女在这样的缘分下互生情愫，结为夫妻。二人男耕女织，相亲相爱，育有一儿一女。后来，即将死去的老牛叮嘱牛郎要留下它的皮，到急难时披上就能得到帮助，夫妻俩忍痛剥下牛皮。

好景不长，玉帝和王母娘娘知道了织女和牛郎成亲的事后勃然大怒。所以，王母娘娘亲自下凡将织女抓回。牛郎回家找不到织女，伤心欲绝，他想起老牛临死前说的话，于是急忙披上牛皮，挑上一对儿女去追。在追上的前一刻，王母娘娘拔下头上的金簪一挥，一道波涛汹涌的银河就出现了，牛郎再也无法过去。从此，牛郎织女只能隔河相望，对目而泣。他们忠贞不渝的爱情感动了喜鹊，于是每逢七月初七，天上就会飞来千万只喜鹊，搭成鹊桥，让牛郎织女相会。对此，玉皇大帝和王母娘娘也很无奈，只能答应他们每年七月初七相会于鹊桥。

后来牛郎和织女每到农历的七月初七就在鹊桥相会。传说七夕这一天的夜深人静之时，牛郎织女在天上的脉脉情话就会被躲在葡萄架下的人们听到。这个故事感动了很多男女，在七月初七，一些姑娘会仰望星空，寻找银河两边的牛郎织女，祈祷自己的婚姻美满如意。七夕节由此而事。

我国很多古诗都对牛郎织女的爱情进行了赞美。例如：

鹊桥仙·七夕
宋·袁去华
牛郎织女，因缘不断，结下生生世世。
人言恩爱久长难，又不道、如今几岁。
眼穿肠断，一年今夜，且做不期而会。
三杯酒罢闭云房，管上得、床儿仝睡。

七夕
唐·杜牧
银烛秋光冷画屏，
轻罗小扇扑流萤。
天阶夜色凉如水，
卧看牵牛织女星。

（2）情人节

情人节英语名为 Valentine's Day，又被称为"圣瓦伦丁节"。

关于情人节，也流传着一些很动人的故事。

相传，19 世纪末，古罗马青年基督教传教士瓦伦丁（Valentine）冒险传教，后来被捕入狱。他的英勇行为感动了老狱吏及其双目失明的女儿，从而获得他们的悉心照顾。行刑前，瓦伦丁写信给老狱吏的女儿表白爱意。瓦伦丁被处死后，老狱吏的女儿在他墓前种植了一棵开红花的杏树表达思念之情，而这天正是 2 月 14 日。后来，这一天就被定为"情人节"。在情人节这一天，有些人羞于直接表白，就会赠送礼物给情人或心仪的人，送的礼物有贺卡、花、巧克力等。现在，很多年轻人也会专门挑选情人节这一天登记结婚。

关于情人节，还流传着另一个传说。大约在公元 3 世纪的罗马，暴君克劳狄乌斯当政。彼时的罗马内忧外患，战争频繁，因此民不聊生，怨声载道。但是克劳狄乌斯仍然崇尚战争，为了补足兵员，他甚至下令让所有适龄男子都参军报国。就这样，丈夫离开妻子，少年离开恋人，整个罗马被笼罩在绵长的相思中。克劳狄乌斯看到这种情况后大为恼火，他下令禁止国人举行结婚典礼，甚至要求已经结婚的毁掉婚约。

当时，一位德高望重的修士居住在罗马，他就是瓦伦丁。他不忍看到一对对伴侣生离死别，于是秘密帮助前来的情侣，为他们主持结婚典礼。很快，这个消息便传播整个罗马，瓦伦丁接受了越来越多的情侣的秘密请求，他从不拒绝。

不幸的是，暴君克劳狄乌斯很快知晓了这件事，他将修士瓦伦丁关进大牢，最终将其折磨致死。瓦伦丁死的那一天正是公元 270 年 2 月 14 日。

后来，人们将 2 月 14 日作为情人节，就是为了纪念勇敢的瓦伦丁。

二、中西代表性节日的内涵和翻译

（一）中国代表性节日的内涵和翻译

西方人对中国节日印象最深的就是春节（the Spring Festival 或是 Chinese New Year）、元宵节（the Lantern Festival）、端午节（龙舟节，Dragon Boat Festival）以及中秋节（the Mid-Autumn Day），其中西方文化已经接受了一些重要的文化现象以及相关词汇。很多中国节日的名称的翻译其实就是直接音译，如西方文化已经广泛接纳中国人最重视的春节并且将其纳入辞典,也包括除夕(年三十)。然而,译者需要帮助他们了解更多相关的文化现象,才能找到与西方的圣诞节的区别,为了达到更好的翻译效果,在实际的翻译转换过程中可以进行类比。春节、元宵节、清明节、端午节、中秋节和重阳节等都是我国的传统节日,用英文翻译这些节日时,采用的方法有音译和意译两种。春节有时意译为 Chinese New Year,有时也以字面意思为根据译为 the Spring Festival;有观灯习俗的元宵节,又名灯节,所以意译为 the Lantern Festival;清明节译为 the Day of Qing Ming,也可以这一天扫墓的习俗为根据,意译为 Tomb-sweeping Day;端午节,有时音、意合译为 Duanwu Festival,有时意译为 the Dragon Boat Festival,是因为这一天有赛龙舟的习俗;中秋节通常逐字译为 the Mid-Autumn Festival,又因八月节是它的俗称,所以有时又意译为 the Moon Festival;重阳节有时音、意合译为 Chongyang Festival,由于我们也用"重九"称呼"重阳",所以有时也译为 the Double-Ninth Day。

1. 春节(the Spring Festival)

春节这个节日就是在迎接春天。在民间,传统意义上的春节是指从腊月初八的腊祭或腊月二十三的祭灶,跨过除夕,跨越到新岁的正月初一,延至十五的元宵节(一般是到正月十七日)。节前人们就将新年寄语贴在门上,贴"福"字及财神像或者挂大红灯笼等。年三十(New Year's Eve),也被称为"除夕",北方人习惯包饺子,南方人喜欢做年糕。水饺与"元宝"形状相似,年糕谐音"年高",都象征着吉祥如意。"过"字指的是一个过程,这是送走旧的一年,同时迎接新开始的一年的过程,过年的文化是物质及精神需求的体现,同时也是加强人际关系的现实需要。为了驱逐山魅恶鬼燃放爆竹,为了阻挡魑魅鬼怪的侵扰而贴门神,就连老少长幼的饮食、佩戴都与防邪避鬼息息相关。全家团聚守岁是除夕最重要的习俗,一般开始于午后,傍晚举行飨祭仪式,然后阖家聚餐。这一点与西方的感恩节相似,离家的子女要回到父母家里团聚,但是二者有着大不一样的食物和风俗。西方人最熟悉的中国春节食物就是饺子,饺子的饺和"交"谐音,"合"和"交"又有相聚之意,所以饺子是团聚的象征。

常用的词汇翻译包括:

饺子　Chinese dumpling

饺子皮　dumpling wrapper

年糕　New Year Cake

团圆夜　family reunion night
团年饭　reunion dinner
压岁钱　lucky money for New Year
接财神　welcome god of wealth
门神　　god of guard
鞭炮　　firecracker/maroon
对联　　Spring Festival couplets
福字　　image of happiness
守岁　　stay up for the New Year

描写春节的常用文本如下所示：

春节，又称农历新年，它是中国最重大的传统节日。时间通常在一月底，二月初，象征着一年辛劳后，冬春之交的休息和放松，也象征了喜庆。

The Spring Festival, also known as the Chinese Lunar New Year, is the most vital traditional festival for all Chinese. It usually falls on a day between late January or early February, which means rest and relaxation at the turn of the year after a year's toil, and calls for celebration as well.

春节前，人们打扫屋子、在大门上贴大红对联、放鞭炮。传说，这样做是为了驱赶一个叫"年"的魔鬼。除夕之夜，全家会在一起聚餐，其中最受欢迎的主食是饺子，人们认为它能带来好运吉祥。

Before the Spring Festival, people will clean their houses, poster red couplets on gates, and set off firecrackers. According to the legend, it is to dispel a demon called Nian. On the eve of the Spring Festival, a reunion dinner is a must, of which the most popular food is Jiaozi, which is supposed to bring good fortune for the coming new year.

在新年的第一天，每人都穿上新衣服，走亲访友并且互相鞠躬祝福，为的是新年能有好运气。

On the first day of the new year, everybody will put on new clothes and pay a new year's visit to their relatives and friends by exchanging bows and wishing the best for the new year.

2. 元宵节（the Lantern Festival）

中国的传统节日元宵节在春节后的第十五天，农历（lunar calendar）正月十五日。正月为元月，古人称夜为"宵"，而一年中第一个月圆之夜就是十五日，所以正月十五被称为元宵节，也名"上元节"。道教的"三元说"是元宵节燃灯的习俗起源：上元节是正月十五日，中元节是七月十五日，下元节是十月十五日。"天""地""人"三官分别主管上、中、下三元，天官喜乐，所以上元节有燃灯的习俗，自汉朝起就已广为流传。除燃灯之外，元宵节还放烟花助兴。人们猜灯谜、观灯、吃元宵。

常用的翻译包括：

观灯　　Lantern Show

猜灯谜　solve riddles on lantern

元宵　　Chinese sweet dumpling

舞龙/狮　dragon/lion dance

踩高跷　walking on stilts

划旱船　play-boating on-land-dance

扭秧歌　yangko dance

逛庙会　go to the temple fair

3. 端午节（Dragon Boat Festival）

端午节是农历五月初五，端阳节、午日节、五月节、艾节、端五、重午、午日、夏节等都是它的别名。为了镇宅驱邪，江淮地区家家都悬钟馗像。人们还要吃粽子，挂艾叶菖蒲，佩香囊，饮雄黄酒，赛龙舟。传说中，端午节与对四个人的纪念有关：第一个是屈原，历史上伟大的爱国诗人；第二个是伍子胥，这一天是他的忌辰；第三个是东汉孝女曹娥，她为救父投江而死；第四个是秋瑾，现代革命女诗人。

常用的翻译包括：

悬钟馗像　hang the image of ghost-catching god

镇宅驱邪　keep evils away and guard home

粽子　　traditional Chinese rice pudding

饮雄黄酒　drink realgar wine

香囊　　condiment sack

赛龙舟　dragon-boat racing

4. 中秋节（Moon Festival/Mid-Autumn Festival）

八月十五日位于秋天的正中，所以有着中秋或仲秋的别称，又叫作"月夕""八月节"。它也被称为"团圆节"，因为人们在中秋前夕都尽可能和家人团聚。中秋节是民间传统节日，在汉族和少数民族间流传。民间百姓互赠月饼，取团圆之义。游湖赏月等活动一般在晚上进行。古时还有祭月和拜月活动，为了祈求月亮神的保佑，设大香案，摆上祭品。

常用的翻译包括：

月饼　moon-cake

赏月　enjoy the full moon

游湖　go boating around the lake

祭月　pray to the moon

月亮神　goddess of moon

舞火龙　fire-dragon dance

以上只是简单介绍一些关于中国节日的内容，中国作为文明古国，拥有几千年的历史，有着数不尽的相关的节日文化现象，在这里无法一一详述。作为文化传播和翻译者，如果要准确地传递不同文化的有效信息，将不同于西方文化背景下的更为形象生动的信息影像提供给信息接收者，还需要去准确掌握更多的民间风俗习惯，这一点，仅仅凭借简单的语言翻译方法是无法解决的。

（二）西方代表性节日与翻译

1. 英国节日

在英国，每年会有 8 个固定的公共假日，也就是 Bank Holiday，指的是银行放假不营业的日子，所以在这些假日期间，英国没有任何的商业活动。Bank Holiday 是于 1871 年被银行家约翰·卢布克（John Lubbock）正式提案设定为法定假日的，正因如此，所以第一个 Bank Holiday 也被人们称为"St Lubbock's Day"。Bank Holiday 确实是由银行休假而延伸出来的。当时规定的 Bank Holiday 为：英格兰 Easter Monday，Whit Monday，8 月的第一个星期一和 Boxing Day；苏格兰新年、Good Friday、5 月的第一个星期一、8 月的第一个星期一和圣诞节。此后，在 Bank Holiday 的基础上，其他一些节日也开始出现，比如英格兰威尔士地区的新年，5 月份的 Spring bank holiday，8 月份的 Summer bank holiday

和 Early May bank holiday。除了新年、Good Friday、圣诞节和 Boxing Day 以外，Bank Holiday 在一般情况下都定在星期一，因为星期一和周末连在一起，所以可以有连续三天的假期，在这期间，学校、图书馆和一些私人开的商店会闭门歇业。要注意的是英格兰及威尔士地区、苏格兰地区与北爱尔兰地区的节日在时间和内容上可能会有所不同。

现在英格兰和威尔士地区 8 个法定假日分别是：New Year's Day、Good Friday、Easter Monday、Early May bank holiday、Spring bank holiday、Summer bank holiday、Christmas Day 和 Boxing Day。下面将介绍其中几种假日。

（1）New Year's Day（元旦）

在英国，公历 1 月 1 日，人们根据当地的风俗习惯开展种种庆祝活动，以示送旧迎新。元旦的前一天，家家户户都备酒买肉，如果没有余下的酒肉，来年便会贫穷。除此之外，英国还流行新年"打井水"的风俗，第一个打水人为幸福之人，打来的是吉祥之水。按英国人的风俗，除夕夜过后，第一个进门的人，预示着新一年的运气。如果第一个客人是个黑发的男人，或是一个快乐、幸福而富裕的人，主人就将全年吉利走好运。如果第一个客人是个浅黄头发的女人，或是一个忧伤、贫穷、不幸的人，主人在新的一年中将遭霉运，会遇上困难和灾祸。

（2）Good Friday（耶稣受难日，复活节前的第三天）

耶稣受难日是纪念耶稣生命中的受难周中最重大的日子，这周的开始是复活节前的一个星期日（耶稣进入耶路撒冷，民众手持棕榈枝欢迎他的棕榈主日）；经过复活节之前的星期四（纪念耶稣与门徒进"最后的晚餐"时设立的立圣餐日）以及星期五（为了纪念耶稣为世人的罪被钉在十字架而死设立的受难日），一直到星期日的复活节结束。

（3）Easter Monday（复活节）

每年春分月圆之后第一个星期日是西方的重要节日——复活节，是为了纪念耶稣于公元 30 年到 33 年被钉死在十字架之后第三天复活的日子。复活节彩蛋精美漂亮且富有装饰性，代表着人们的美好心愿和分享季节更替的喜悦。复活节之前的星期四被称作"濯足节"（Maundy Thursday），据说正是在这一天，耶稣基督和他的门徒共进"最后的晚餐"。自英国国王爱德华一世开始，每年的濯足节，英国王室都会举办"王室濯足节"（Royal Maundy）仪式。君主会访问一座英国大教堂，向当地居民和穷人散发濯足节"救济金"（Maundy Money），作为象征性的礼物。如今，英国每年在濯足节选出男女各一名（对社区有特别贡献的年长公民），向他们颁发装有特殊钱币的白、红色钱袋。白色钱袋里装有在位君主统治期间每年的硬币，而红色钱袋里装的则是发放给穷人的钱币。

（4）Early May bank holiday（5月公假日）

英国是世界上工人革命最早的国家，英国工人阶级是英国工业的主体，为英国工业的发展起到重要作用。为此，英国就在每一年的5月28日给他们放假一天。

（5）Spring bank holiday/Summer bank holiday（公共银行假日）

英国的公共假日相对较少，通常这些公共假日也被称为"银行假日"，因为银行在假日期间会关闭，暂停所有交易。英国的银行假日有两个，分别为5月最终周的周一即春季银行假日（Spring bank holiday）、8月最终周的周一即夏季银行假日（Summer bank holiday）。因为在这些日子里，银行要关门，因而没有任何商业活动。

（6）Boxing Day（节礼日）

每年的12月26日是节礼日。节礼日是在部分英联邦地区庆祝的节日，一般是圣诞节次日或是圣诞节后的第一个星期日，有一些欧洲国家也会将节礼日定为自己国家的一个节日，称之为"圣司提反节"（St. Stephen's Day）。根据节日的传统，在节礼日这一天，大家要赠送圣诞节礼物给服务业的工人们。起初，节礼日被民众称为圣司提反节，是为了纪念被异教徒用石块砸死而成为基督教第一位殉教者的圣司提反。这一天被包括英国、爱尔兰、澳大利亚、新西兰及加拿大的大英国协旗下的国家定为节日并举行纪念庆典。而圣司提反节的名称逐渐变为节礼日是在中世纪，当时在圣诞节前，教堂门口会放置一些捐款箱以供人们捐款，等到圣诞节过后，工作人员就会打开箱子，将募得款项捐给穷人，所以出现了节礼日这个名称。直到19世纪节礼日才得以流行，英国王宫贵族及贵妇，习惯用盒子将赐予仆人的礼物包起来，到12月26日那一天送给他们，作为圣诞节前辛勤工作的奖励。

2. 美国节日

美国之所以成为一个民族的大熔炉和世界文化的聚集地，原因是其短暂而独特的历史和文化。而节日作为文化的一种缩影，不仅能够将美国人的宗教信仰和种族渊源体现出来，同时还能反映美国人的日常生活和思想。

美国的节日分为美国联邦政府法定假日和其他节日。美国联邦节假日的相关规定是在于1971年生效的《美国统一假期法案》(Uniform Monday Holiday Act) 中明确的。通常情况下,美国联邦政府的雇员不需要在联邦法定假日工作。联邦法定假日也被美国大多数州或地方政府以及公立学校定为雇员休息日,而私人性质的企业和公司通常会有选择地将某些联邦法定假日作为休息日。

(1) New Year's Day (元旦)

人们在每年1月1日举办各种各样的新年晚会,庆祝新的一年开始,为美国的联邦假日。新年前一天晚上,人们聚集在教堂或广场,一同迎接除旧更新的一瞬。午夜12点,全国教堂钟声齐鸣,乐队高奏著名的怀旧歌曲《一路平安》。美国人一般会在新年许愿,称之为new year's resolution,即新年计划。

(2) Martin Luther King Day (马丁·路德·金纪念日/MLK日)

这是美国唯一一个纪念黑人马丁·路德·金的联邦假日,他倡导将"非暴力"和"直接行动"作为社会变革方法。1986年,里根总统宣布1月的第三个星期一(马丁·路德·金博士的生日)为联邦法定假日,以纪念他为美国人权运动做出的贡献。学校、政府和联邦机构在这一天都不开放。星期一会有追思仪式及隆重的纪念仪式。在此之前,所有地区的牧师都会进行专题布道,提醒每个人缅怀马丁·路德·金博士追求和平的一生。整个周末,知名的广播电台会播放讲述公民权利运动的歌曲和演说。电视台会播出特别节目,介绍马丁·路德·金博士的生平。在马丁·路德·金日,学校也会组织学生到校外参加公益活动。

(3) Abraham Lincoln's Birthday (林肯纪念日)

亚伯拉罕·林肯领导了美国的南北战争,为美国废除奴隶制做出了巨大的贡献。亚伯拉罕·林肯的诞辰是2月12日,这一天被美国除南部外的26个州定为法定纪念日,人们举行讲演,发表纪念文章或去林肯纪念堂瞻仰。

(4) Memorial Day (阵亡烈士纪念日)

每年5月份的最后一个星期一,纪念为美国献身的阵亡烈士,为美国的联邦假日。美国南北战争结束后,美国南方的许多家庭开始对在战争中牺牲的士兵进行祭奠。在春天,他们向战争双方死者的墓地都献上了鲜花,这使得北方人深受感动,并认为南方人的这一举动是民族团结的象征。到了1868年的5月30日,这一天被正式批准为人们向为保卫祖国英勇牺牲的士兵献花的日子。第一次世界大战爆发后,人们开始在纪念牺牲将士的这一天向所有战争死难者致敬,后来逐渐发展成普通家庭祭奠离去的亲人。如今这一天成了美国普遍的祭扫日，与中国的传统节日清明节非常相似。

（5）National Flag Day（国旗日）

1777年6月14日，美国第一面正式的国旗在美国大陆会议上通过，这一天就被定为了国旗日（National Flag Day）。1876年，美国举行了第一次大规模的国旗纪念活动，以庆祝美国建国100周年。1893年，费城首次承认6月14日为国旗纪念日。1897年，纽约州也承认了国旗纪念日这一节日，并要求这一天所有建筑物必须悬挂国旗。进入20世纪后，美国国旗协会发起了另一项纪念活动。为了响应他们的倡议，国会在1949年正式将6月14日确认为美国国旗日。

（6）Independence Day（国庆节/独立纪念日）

为了纪念1776年7月4号大陆会议通过的《独立宣言》，美国将每年的7月4日定为国庆节，也可以叫独立纪念日。《独立宣言》是由托马斯·杰斐逊起草的，并于1776年6月4日在大陆会议上由主席约翰·汉寇克签署生效。《独立宣言》提出，人人生而平等，每个人都有追求幸福和自由的自然权利，政府的权力来自人民；此外，《独立宣言》还统计了英国殖民统治北美13个州的罪行；最后，《独立宣言》庄严地宣布了美利坚合众国将脱离英国独立。游行和演讲是庆祝独立日的主要活动，后来，庆祝的活动中又增加了户外活动和体育竞赛等项目。

（7）Labor Day（劳动节）

在美国，每年9月的第一个星期一是美国向工人致敬的联邦假日。劳动节是在1882年由美国木工兄弟会主席彼得·麦奎尔（后被人们称为"劳动节之父"）首次提出而设立的。同样是在1882年，同样的决议也在美国劳动骑士团（Knights of Labor）中通过了，并在纽约举行了庆祝游行。1884年，劳动骑士团进一步决定在每个劳动节举行游行和其他庆祝活动。第一个通过立法将劳动节定为法定假日的州是俄勒冈州，时间为1887年2月。1894年，美国国会正式宣布劳动节成为全国性节日之一。

（8）Thanksgiving Day（感恩节）

美国的联邦假日是每年11月的最后一个星期四。感恩节是一个古老的节日，它是由美国人民创造的，也是美国家庭团聚的节日。起初，感恩节并没有固定的日期，举办的日期都是由各州临时决定的。感恩节成为全国性的节日是在美国独立后实现的。在感恩节这一天，美国人民会按照习俗去教堂祈祷，街道上到处都有化装游行、戏剧表演和体育比赛。感恩节的传统主菜是火鸡，人们通常在火鸡的肚子里塞满各种调味品和提前拌好的食物，然后放入烤炉或者烤箱里烤。在火鸡烤好之后，男主人会把它切成薄片，然后分发给每个人。除了火鸡以外，感恩节的传统食物还有甜山芋、玉蜀黍、南瓜饼等。

三、中西节日文化的翻译方法

（一）节日名称的翻译方法

1. 中国节日名称的英译

（1）直译法

直译是根据字面含义来翻译的一种方法，是有利于保持原文内容与形式的翻译方式。很多中国节日均可使用直译法来翻译（例 5-4-1）。

例 5-4-1

中秋节　the Mid-autumn Festival

冬至　Winter Solstice Day

春节　the Spring Festival/Chinese new year

（2）根据节日习俗特色来译

中国节日不同，庆祝的方式也不同，庆祝方式往往独具特色，有些节日名称可依据习俗特色来译（例 5-4-2）。

例 5-4-2

端午节　The Dragon-Boat Festival

端午节是为纪念中国伟大爱国诗人屈原而设的，在这一天，人们有吃粽子、赛龙舟的习俗，翻译时可以根据这一习俗特色，译为 The Dragon-Boat Festival。

中秋节　the Moon Festival

之所以译为 the Moon Festival，是因为在中秋节，全家人聚集在一起，赏月、吃月饼，寓意团圆。

（3）根据农历时间换算来译

中国作为农业大国，各种农业生产活动对很多中国节日都产生了一定的影响。在中国，很多节日是根据农历时间换算而来的，翻译这类节日时，应根据农历时间做相应的转换（例5-4-3）。

例5-4-3

七夕节　the Double Seventh Festival

2. 西方节日名称的汉译

在西方节日的名称时，意译法是最常用的方法。意译法有利于最大限度地呈现节日的文化内涵（例5-4-4）。

例5-4-4

Carnival　狂欢节

Easter Day　复活节

Christmas Festival　圣诞节

April Fool's Day　愚人节

（二）节日文化词的翻译方法

1. 中国节日文化词的英译

对中国节日文化词进行翻译，一般可采用直译法与意译法。

（1）直译法

对于难以理解的中国节日文化词，通常可以使用直译法，以更好地保留原文的形式和内容，呈现地道的源语文化（例5-4-5）。

例5-4-5

灯会　Lantern Festival

耍龙灯　Dragon Lantern Dancing

春联　Spring Festival Couplets

（2）意译法

有些中国节日文化词蕴藏着特殊的文化含义，若直接翻译，读者可能难以理解，这时可用意译法，以更好地再现节日的文化内涵（例5-4-6）。

例 5-4-6

粽子　sticky rice dumplings

守岁　waking up on New Year

门神财神 pictures of the god of doors and wealth

2. 西方节日文化词的汉译

西方节日文化词一般以意译为主、直译为辅的方法来处理。下面列举一些西方节日文化词翻译的例子（例 5-4-7）。

例 5-4-7

pumpkin pie　南瓜派

Santa's hat　圣诞帽

Christmas stocking　圣诞袜

Easter eggs　复活节彩蛋

第五节　动物文化翻译

自古以来，中国就有以十二生肖来对年份进行命名的传统习惯，并且这种传统习俗有着非常悠久的历史和深远的影响。如今十二生肖已经超越国度，远渡重洋，为越来越多的西方人所了解。但是，将十二生肖一一翻译成英语并不容易。"虎年"当然可以翻译为"tiger year"或"year of tiger"，但如何翻译"羊年"呢？据说，曾经有一位美联社的编辑给一位华裔美国学者打电话，请教中国"羊年"的"羊"该用 sheep（绵羊）、ram（公羊）、ewe（母羊）、goat（山羊）、lamb（羔羊）还是 wether（阉羊）？这个看似简单的问题却使得这位学识渊博的学者无法回答。一番冥思苦想之后，他只能说"I'm sorry"，如实相告然后挂断了电话。

英语和汉语中都有大量的习语和短语是以动物为载体的，这些动物具有生动直观的形象，所以能够很容易产生直接的意象效果，然后随之联想到它们身上所承载的内在喻义。因为英语和汉语具有一定的相通性和相似的思维方式，所以同一动物在英汉文化中会有相同或相似的隐喻含义。

如 sly as a fox（像狐狸一样狡猾）、busy as bees（像蜜蜂一样忙碌）、dog-eat-dog（狗咬狗）、a duck's egg（大鸭蛋、零分）、A bird in the hand is worth two in the bush（双鸟在林，不如一鸟在手）。然而，由于英汉文化在背景、思维方式和审美观念上存在着一定的差异，所以不同的动物可以有着相同或相似的比喻意义，而同一动物也可以包含不同的比喻意义，这些同一动物的不同喻义有的会有很大的差异，有的甚至会完全相反。

动物比喻词语是特定文化背景下出现的产物，反映了语用意义取决于对英汉文化的理解。下面是英汉中常见动物的隐喻意义的比较。

一、动物词文化对比

（一）龙与 dragon

提到动物词在中西方不同的文化内涵，就不得不提龙与 dragon 这对典型的动物词语。表面上来看，汉语中的龙在英语中的对应词就是 dragon，但是细究之下，龙在中国文化中的内涵与 dragon 在西方文化中的内涵相去甚远，这主要是由中西方文化的巨大差异所致。正因如此，译者在翻译中国人引以为傲的"龙"时常常译为 Chinese dragon，以与英语中的 dragon 区别开来。下面对龙与 dragon 及其所代表的文化内涵进行对比分析。

1. 形象对比

在中国古代神话中，龙是一种历史悠久、流传广泛的神话动物。中国文化中龙的形象是来自自然物和天象，但是却比自然物和天象更高。中国文化中龙的形象经过不断的发展和丰富，逐渐成为一种被神化的自然力量。中国人想象中的龙的形象是马脸、鹿角、兔眼、牛耳、蛇身、鱼鳞、鹰爪，能在陆地行走，能在天空翱翔，能在大海漫游，腾云驾雾，呼风唤雨，神通广大，威严无比。在中国，龙不仅是一种代表吉祥的神话动物，也代表着尊严，尤其是在漫长的封建社会中被当作帝王的象征，在神化帝王等方面发挥了重要的作用。如今，在国际上，龙的形象象征着中华民族，中国人也以"龙的传人"而自称。龙在中国传统文化中的形象如图 5-5-1 所示。

图 5-5-1 中国文化中的龙

西方文化中的 dragon 形象与中国龙的形象有较大区别。《韦氏国际词典》中这样解释:dragon 是传说中的动物,一般被描述为有翼、有鳞、凶残的大蛇或蜥蜴,头上有羽冠,脚为巨爪。西方神话中的 dragon 形象结合了爬行动物和哺乳动物的特点,其体型似巨型蜥蜴,形状巨大,身上有鳞,有脚爪,有翅膀,口中能喷火与毒液,拖着一条长长的蛇尾,替魔鬼看守财宝。总之,西方文化中的 dragon 是百姓惧怕的恶兽,其结局往往是被英雄人物斩杀。西方文化中的 dragon 的形象如图 5-5-2 所示。

图 5-5-2 西方文化中的 dragon

2. 文化内涵对比

除了形象有很大差异，中国的龙与 dragon 在文化内涵方面也存在诸多差异。

首先，"龙"在中国文化中的内涵是古代中国人对于自然的崇敬。这是因为，在古代的自然中人类有太多的事情无法理解而产生了无助和恐惧的感觉。因此，基于现实生活和自然现象，人们用一个模糊的集体概念来表达自己对于外部世界的恐惧、怀疑、想象和崇拜等感受，这个模糊的集体概念就是龙的雏形。

在古代中国人的眼中，龙是一个具有无限力量的神。它不仅具有呼风唤雨的神力，还可以主宰整个自然，所以人们对龙怀着深深的崇拜之情。在许多历史传说中，人们对于龙的这种崇拜都有所体现。例如，女娲、伏羲多被刻画为人首龙身，黄帝于桥山乘龙升天等。

其次，龙被中国古代的人们认为是一种神圣的动物，并认为龙可以给人们带来一些庇护，所以龙的形象被中国古代封建社会的统治者用来巩固统治和稳定社会。古代的皇帝通常自称"真龙天子"，以表明他们成为帝王是遵循了上天的旨意。因此，龙的形象在封建社会中象征着帝王，并且代表着国家权力的威严。尤其是在汉代以后，与皇帝有关的所有东西都被冠以"龙"字，如"龙椅""龙床""龙颜""龙袍"等。我们可以说，帝王的生活和世界里到处都有龙的影子，龙的形象已经成为只有皇帝能用的专利品，龙文化随处可见。例如，明世宗的一件平时穿的衣物上就有 174 条龙，清朝皇帝的朝服也绣了 36 条龙；作为元明清三代皇宫的北京故宫中有一个宫殿叫太和殿，殿里有着 13844 条龙纹、龙雕，被称为万龙殿。不过，随着封建制度的消亡，龙的含义不再是皇帝独有的，现在龙作为中国人乃至全球华人共同的文化象征而闻名于世。

再次，龙在中国文化中象征着奋发进取、开拓创新。在中华文化中有将杰出人物比作龙的传统。例如，老子被孔子称为龙；郭沫若曾诗赞司马迁："龙门有灵秀，钟毓人中龙。学殖空前富，文章旷代雄。"[1] 再如：

卧龙：指才智超群而深藏不露的俊杰。

龙驹：指聪颖的儿童。

蛟龙得水：指英雄获得施展本领的机会。

蜀得其龙：指得到能够治理国家的人才。

---

[1] 张大可、丁德科主编：《史记论著集成》第 8 卷，商务印书馆 2015 版。

最后，龙的形象已渗透到中国社会的各个层面，成为一种吉祥的象征，且在民间有着深厚的文化积淀。如今，中国人自称"龙的传人"并为此自豪，汉语中也衍生出了很多带有"龙"字的成语，例如：

   鱼跃龙门 龙飞凤舞 龙盘虎踞 真龙天子
   龙吟虎啸 望子成龙 乘龙快婿 卧虎藏龙
   画龙点睛 龙马精神 龙凤呈祥 龙凤和鸣

与中国文化中龙丰富而正面的象征意义相比，西方文化中的 dragon 的含义多为负面。

在希腊神话中，dragon 的文化象征意义多为生性爱财、贪婪，凶残等。例如，看守金苹果的身躯巨大、吼声震天的 dragon，以及守护金羊毛的眼露寒光的 dragon 等。

在西方文学作品中，以勇士与恶龙搏斗为题材的作品屡见不鲜，其中最为著名的当数英国著名长篇英雄叙事史诗《贝奥武甫》(*Beowulf*)。《贝奥武甫》描述了危害百姓、与人类为敌的 dragon，主人公与它殊死搏斗后终将其斩杀的故事。此外，在一些著名作家的笔下，dragon 也都是贪婪、残暴、邪恶的象征。在著名畅销小说《哈利·波特》中，主人公参加魔法比赛所战胜的多个怪兽就是具有各种法力的恶魔角色 dragon。

总之，dragon 在英语文化中是指一种没有"地位"的爬行动物，是西方人心目中凶恶而丑陋的象征。例如，人们通常用 dragon 称呼那些可恶的专门打人的警察。再如，人们在形容凶狠、专横的妇女时，也常常用 dragon，相当于汉语中的"母老虎""悍妇"。

在《圣经》中，撒旦是一个与上帝作对的恶魔，他在英语中被称为 the great dragon，一些能够杀死 dragon 的圣徒被其他人视为英雄，如圣徒圣麦克尔、圣乔治等。Dragon 在现代英语中被用来指"凶暴之徒"或"严厉透顶的人"，所以为了将汉语中的龙和英语中 dragon 相区别，有的词典会用 Chinese dragon 来指代中国的龙。虽然在英语中龙年是用 dragon year 来表示的，但是在西方文化中龙与 dragon 有着完全不同的形象和寓意。通过上述对比可以看出，中国文化中的龙与西方文化中的 dragon 不仅在形象上大相径庭，其文化内涵更是截然相反。因此，译者在翻译时切忌盲目等值对译。

（二）蛇与 snake

1. 蛇在汉语文化中的内涵

人们对于蛇的形象的评价在中国传统文化中可以说是一半为赞扬一半为指责。《说文解字》中，甲骨文"蛇"的解释可以表明，中国古人对"蛇"并没有恶意，甚至还能用来比喻一个人对他人的善意心怀感激、知恩图报。《白蛇传》是中国古代的神话传说之一，其中所描绘的蛇的形象为一种追求美好生活的生灵，并认为蛇具有极大的同情心。此外，蛇和龟一样，在中国文化中都象征着长寿。以上这些都是蛇的积极的文化内涵。

在一定程度上，蛇与龙也存在着某些关联。在中国传统文化中，蛇常被称为"小龙"；蛇蜕下的皮也可以称作"龙衣"；每年蛇结束冬眠的那一天被称为"龙抬头"。蛇之所以有这些与龙有关的优雅名字，是因为中华民族最初的图腾崇拜是龙，而龙的形状在很大程度上受蛇的形状的影响。在汉文化中许多关于中华民族起源的记载中，人面蛇身或人头蛇身都是有所提及的。当然，龙其实并不存在，它是人们根据蛇的形象创造的。这也是因为龙是人类创造的虚拟形象，而蛇是常见的事物。此外，毒蛇是致命的，所以蛇经常给人留下坏印象。具体来讲，蛇的负面象征意义主要如下。

第一，阴险、冷漠。这大约是由于蛇是"冷血动物"，阴冷被认为是蛇的特性。此外，蛇没有声带，不能发出声音，给人一种冷漠的感觉。

第二，狠毒。冷漠、阴险往往伴随着狠毒，因此蛇也象征狠毒。这可以从家喻户晓的《农夫与蛇》的寓言故事中窥探出来。在一个严寒的冬天，一个心地善良的农夫在路上看到一条被冻僵了的蛇。农夫很可怜蛇，于是将它放入怀中为其取暖。渐渐地，蛇苏醒过来，它不但不感恩图报，反而咬了农夫一口。这则寓言故事说明了蛇狠毒又忘恩负义的本性。后来，人们便用蛇来形容狠毒，如"蛇蝎心肠""毒如蛇蝎""佛口蛇心"等。

第三，神秘莫测，这也跟蛇的习性有关。蛇没有脚但可以爬行，加之其来无影去无踪，因此成为神秘莫测的代名词。另一方面，这种神秘促使古代人对蛇产生了崇拜心理，随之而来的是关于蛇的各种禁忌。我国很多地区都有与蛇相关的禁忌，如忌说"蛇无脚"，害怕蛇真的长出脚来追人；忌见到蛇"脚"，更忌见到"两头蛇"，认为这是凶兆。

2.snake 在英语文化中的内涵

在西方文化中，snake 的主要形象也是负面的。在古希腊神话中，蛇以一种恶毒的形象出现。宙斯的妻子赫拉为了杀死宙斯的私生子赫拉克勒斯（Heracles），就派去了一对剧毒无比的蛇。又如，女妖美杜莎（Medusa）的头发就是一条条毒蛇，任何直望美杜莎双眼的人都会瞬间变成石头。

总体来看，在西方，snake 是魔鬼与邪恶的象征，带有狡猾、恶毒、邪恶的形象。很多与 snake 相关的说法都含有贬义，例如：

a snake in the bosom　恩将仇报的人

a snake in the grass　潜伏的敌人，潜伏的危险

snake oil　指没有用处的建议或者解决方法

a sheer cold-blooded reptile　一个彻头彻尾的冷血恶魔

warm（cherish）a snake in one's bosom　姑息坏人，养虎遗患

a snake in grass cloaked with hospitality　披着热情好客外衣的阴险的人

（三）狗与 dog

1. 狗在汉语文化中的内涵

狗的形象在汉文化早期是一种神圣的图腾，中国古代神话中的盘古就是狗首人身。此外，在中国传统文化中，狗也是一种可以驱除邪灵、代表着吉祥的动物，所以古人会将人和狗作为陪葬品，这种习俗在后面逐渐形成了一种杀狗的祭祀习惯，这种祭祀被称为"伏祭"。然而，随着历史的发展，狗逐渐变成了卑劣的象征，并且被人们附加上了许多不良的品性，这时逐渐占上风的是关于狗的负面评价。例如，狗对主人的忠诚这一优点被人们普遍认可，但是后来人们却又认为狗是在摇尾乞怜、趋炎附势。因此，汉语中有非常多贬低狗的词语，这些贬低狗的词语的数量远远超过了赞美狗的词语数量，而关于狗的习语中也常常带有一定的贬义。

汉语中关于狗的习语有很多，其中蕴含的文化内涵主要可以分为以下几类。

第一，狗本性凶恶。就本性而言，狗非常凶猛且喜欢独居生活，如果两只狗遇到一起就会互相撕咬，甚至对人也会狂吠不止或者追逐撕咬，相关的习语有"狗咬吕洞宾——不识好人心"。

第二，狗性格怯懦。在面对弱者时，狗会表现出凶悍的一面，但是一旦陷入

危险的境地，狗就会变得怯懦，相关的习语有"鸡飞狗跳"。

第三，狗卑劣和低贱。在一些人眼中，狗是出身卑贱的劣等动物，所以常常被当作低贱的代称，用来侮辱或者谩骂他人身份低下。相关的习语有"猪狗不如的东西"等。

第四，狗的奴性和趋炎附势。狗是非常聪明的动物，能够察觉主人的心思，对主人一直非常忠诚，但是这种原本应该受到褒奖的忠诚也成了人们对其诟病的原因。狗非常顺从主人的命令，所以有些人会认为狗是卑躬屈膝、趋炎附势的代表，相关的习语有"狗奴才""走狗"和"狗仗人势"等。

第五，狗不知廉耻、苟且偷生。因为狗出身低贱，所以常常被人认为不知廉耻、苟且偷生。平日里狗会对主人摇尾巴祈求主人的爱怜，然而一旦主人失势，狗就会变成"丧家之犬"，在危急关头甚至还会"狗急跳墙"。

第六，狗品行低下。在很多人眼里，狗身上有着诸多缺点，如凶狠、趋炎附势、贪婪等，所以狗在汉语中成了各种坏人坏事的象征，例如，结交了品行不正的朋友会被说是"狐朋狗友"；难改自身的恶习会被说是"狗改不了吃屎"；平日里对别人的事情操心也可能被说成"狗拿耗子——多管闲事"。因此，在汉语文化中，狗往往被赋予浓厚的贬义色彩。

2.dog在英语文化中的内涵

在西方，人们通常将狗作为宠物来养，狗被认为是人类生活的伴侣和最好的朋友，是值得信赖的动物。有的人无儿无女，便拿宠物狗来代替，他们为自己饲养的狗取个爱名，甚至爱狗如子，狗就是他们家庭中的一员，能得到相当多的"优待"和"特权"。它们有吃有穿，还有音乐家专门为之谱"狗曲"，得病时可请兽医，还可请心理学家、专科医生来治疗。当主人外出度假时，它们还可以享受最好的假期待遇，比如可以住在装有空调的"高级狗宾馆"里，更有甚者，有的狗直接和主人同床而眠。西方人对狗的关怀可谓无微不至，他们几乎把狗当成人来对待。由此可见，相比中华文化中狗的卑劣形象，狗在西方国家很受重视，地位很高，所以狗在西方文化尤其是英语习语中，一般都带有积极或中性意义。

狗在西方常被赋予忠诚勇敢的品质，如"lucky dog"（幸运儿）、"top dog"（主要人物）、"love me, love my dog"（爱屋及乌）、"A good dog deserves a good bone"（有功者应受奖赏）等。另一方面，与狗有关的英语习语又不完全是褒义的,有些习语根据狗的特性来设喻,这时习语多含中性色彩,如"war dog"(老兵)、"water dog"(水性好的人)、"dogs days"(三伏天)等。当然,在西方也有讲狗不好的地方,这主要是受了外来文化的影响。如在英语习语中,"dog"用来指坏蛋、废物。例如:a dog in the manager(占着茅坑不拉屎的人)、Hungry dog will eat dirty pudding(饥不择食)、Lead a dog's life(过着令人烦恼的生活)、Go to dogs(堕落,毁灭)、Let sleeping dogs lie(不要惹是生非)。

总之,在西方,狗是忠诚、勇敢的象征,具有极高的社会地位,它被比喻为世界上唯一不用劳动而能生存的动物,因为它向人类售出了忠实。因此狗在英语文化中往往被赋予褒义色彩。

(四)牛与bull

1.牛在汉语文化中的内涵

牛是中国最重要的家畜之一,被人们称为"畜之首",中国也有着非常悠久的养牛历史。牛和人们的生活密切相关,正因如此,所以中国具有丰富多彩的牛文化。

牛是最早被人类驯服的牲畜之一,牛与人之间最初产生的联系是在生产活动中进行的。中国自古以来就是农业社会,农业劳动的历史悠久,而牛有着庞大的身形,非常有力气,可以帮助人们进行农业劳动,并且其性格温顺容易驯服。可以说,自古以来,牛就是人类的好朋友。牛虽然吃得少,但是其贡献大。它们能够帮助人们开展农业生产活动,并可分担劳动人民繁重的劳动。因此,人们对牛充满了感激和尊重之情。牛的任劳任怨和无私奉献在许多文学作品中都有所体现,与牛有关的文化也成为中国传统文化的重要组成部分。鲁迅先生曾经写下许多赞扬牛奉献精神的名言,如"吃的是草,挤出来的是奶""横眉冷对千夫指,俯首甘为孺子牛"。此外,因为繁重的农业劳动常常使牛瘦弱生病,所以有很多诗人用牛的形象来抒发自己的心情,表达他们即使筋疲力尽也要报国的爱国之情。

民间的许多文化活动也与牛有关。例如,少数民族喜欢用他们的牛进行各种竞赛活动,同时,人们通过唱歌跳舞的方式来庆祝节日,表达自己对美好生活的向往之情。每到春节,为了庆祝新年的到来,每家每户都会在窗户上贴上剪纸,其中就有很多关于牛的剪纸。这些剪纸不仅反映了劳动人民的农业生活,也抒发了人们对更好生活的追求。

毛主席早在《延安文艺座谈会上的讲话》中就发出号召，"一切共产党员，一切革命家，一切革命的文艺工作者，都应该学鲁迅的榜样，做无产阶级和人民大众的'牛'，鞠躬尽瘁，死而后已"。正因为上述提到的牛的这些良好品质，人们也将其与中国梦联系在一起，使牛的这种品质和精神融入了中华民族伟大的复兴梦之中。如果对牛的精神进行分析，我们就能发现其核心和本质是脚踏实地、勤劳奉献、敢于拼搏、开拓进取。在现代社会，我们每一个人都应该学习牛身上的这种伟大精神，艰苦奋斗，为中华民族伟大复兴献出自己的力量。

2.bull 在英语文化中的内涵

与牛在中国文化中丰富的内涵相比，bull 在英语文化中几乎没有什么内涵，其只是作为一种食物存在。甚至在西方人眼中，牛有着满身的缺点。例如：

like a bull at a gate　凶悍、狂怒

a bull in a china shop　闯祸的人、鲁莽的人

throw the bull　说胡话、胡言乱语

John Bull　鲁莽的人、躁动不安的人

（五）蝙蝠与 bat

1.蝙蝠在汉语文化中的内涵

蝙蝠在中国传统文化中象征着幸福，这是因为"蝙蝠"中的"蝠"字与"福"有着相同的发音，"红蝠"与"洪福"谐音，所以红蝙蝠更是象征着吉祥。在民间，一些人会用蝙蝠的图案来表示吉利，如福寿图中就有五只蝙蝠，这五只蝙蝠蕴含着"五福齐全""洪福齐天"的吉祥寓意。

2.bat 在英语文化中的内涵

不同于中国文化中吉祥的寓意，蝙蝠在西方传说中的形象既丑陋又邪恶，且总是会与罪恶或者黑暗势力联系在一起。其中，vampire bat（吸血蝠）是蝙蝠中非常令人恐惧的一种。英语中与蝙蝠（bat）相关的成语常常带有贬义，如：as blind as a bat（瞎眼、有眼无珠），crazy as a bat（精神失常、发痴），have bats in the belfry（异想天开）等。相关的句子则有：

You must have been as blind as a bat not to have seen me; I was sitting at the next table.

你没有看见我，一定是眼瞎了，我就坐在你旁边的一桌。

此外，蝙蝠虽然视力很差，但是非常好动，喜欢在夜晚的天空飞翔，所以 at a good bat 的习语是"走得很快"或"健步如飞"的含义。

（六）熊与 bear

1. 熊在汉语文化中的内涵

熊在中国人眼里一般都是行动迟缓、笨手笨脚的形象，所以熊在汉语文化中一般的内涵为愚笨、无能和无用，比如汉语中的"你真熊""熊样"等说法。

2. bear 在英语文化中的内涵

熊在英语中一般代表着凶猛和残忍，当用熊来比喻人时，一般是指 a bad-tempered or bad mannered person（粗鄙或者鲁莽之人），另外，英语中还有 like a bear with a sore head（脾气暴躁、态度恶劣）这样的习语。

此外，bear 在现代经济术语中还可以被用作形容词，大概含义为"行情下跌的"，如 a bear market 这个现代经济学术语就是指"行情下跌的市面"，也就是我们俗称的"熊市"；bear 在现代经济术语中被用作名词时则是指股票市场中等待行情下跌的卖空者或做空头者。

（七）猫与 cat

1. 猫在汉语中的文化含义

在汉文化中，猫的形象一般是正面的，这与猫的天职有关。猫昼伏夜出，捕鼠是其天职，且猫往往主动出击，从不偷懒，很好地满足了人们用猫除鼠保粮的愿望。因此汉语中的猫往往带有褒义色彩。比如，形容人嘴馋时用"小馋猫"，形容人懒时会说"大懒猫"，这些称呼都具有亲昵之情。当然，汉语中也有些关于猫的负面词汇，比如"猫哭耗子假慈悲"。

总体来看，汉语中关于猫的负面联想比较少，与猫有关的词语也相应较少。这是因为，中国长期处于封建农业社会，城市发展时期很短，而猫作为一种城市化动物，在汉语词语中的活跃程度也相对较低。

2. cat 在英语中的文化含义

与汉语中的猫不同，cat 在英语中是一个非常活跃的词，与它相关的词语很多，这是因为猫是一种城市动物。18 世纪至 19 世纪，随着欧洲城镇的形成，猫也逐渐成为人们生活的一部分，并进入人们的生活圈子，例如美国人认为，在走路时如果前面跑过一只猫，这是不吉祥的征兆。西方人对黑猫深恶痛绝，唯恐避之不及。在英语中，形容妇人恶毒时也常用猫来指代。

下面是一些与猫有关的含有贬义的词语。

A cat in the pan   叛徒

Be a cat's paw   被人利用

Love cat   玩弄女子的男性

The cat won't jump.   这一手行不通。

Cats hide their claws.   知人知面不知心。

The cat shuts its eyes when stealing cream.   掩耳盗铃

Curiosity killed the cat.   好奇害死猫

Let the cat out of the bag   露出马脚

（八）兔子与 hare，rabbit

1. 兔子在汉语中的文化含义

在中国传统文化中，兔子的形象较为复杂。一方面，它代表着温顺、可爱、敏捷，如汉语中的"玉兔""兔辉""动若脱兔"等；另一方面，它又代表着狡猾、缺乏耐性等负面形象，如"兔死狐悲""狡兔三窟""兔子尾巴长不了""兔子不吃窝边草"等。

2.hare，rabbit 在英语中的文化含义

在西方文化中，hare 和 rabbit 通常带有贬义，指那些不可靠的、要弄花招的人。比如，在英语俚语中，hare 通常指乘车逃票的人，口语中的 rabbit 则多指拙劣的运动员（尤指网球运动员）。以下是与兔子有关的一些负面说法。

Old rabbit   真该死

Make hare of somebody   愚弄某人

Mad as a march hare   十分疯狂的，野性大发的

Hare-brained   轻率鲁莽的

Rabbit on/about sb./sth.   没完没了地说废话，闲扯

（九）狮子与 lion

狮子在中国并不是常见的动物，所以并未为人们所熟悉，因此也没有被人们

联想而产生丰富的内涵。然而，狮子在西方被人们认为是百兽之王，代表着勇敢、凶猛和威严的形象。例如，在英国，人们将狮子认定为国家的象征，并且用 The British Lion 来指代英国。此外，英国国王理查一世因为像狮子一样骁勇过人而被人们称为狮心王（the Lion-Heart），自此 lion 开始被人们用来指代名人、名流，像 a literary lion 指的就是文学界的名人。除了以上所提及的常见用法，在英语中 lion 还可以被用来指代伦敦市内的名胜。如：

He has been in London too, and seeing all the lions under my escort.

（他……也到过伦敦，并且在我的陪同下游览了市内名胜。）

英语中有很多含有 lion 的成语和短语，其中较为常见的有 beard the lion in his den，其字面意思为在狮穴里捋狮子的胡须，深层含义为敢于当面抗拒，与汉语中"敢在太岁头上动土"这句俗语有些相似。此外还有 the lion's share，指的是"最大的份额"或"几乎全部"。如：

I'll have to beard the lion in his den when I go to ask my boss for a better job.

（我要去找老板给我一份较好的工作，到时不得不当面同他理论一番。）

二、英汉动物文化的翻译

（一）直译

在翻译动物词汇时，英语和汉语中有某些习惯表达相同或相似，它们不仅字面意思相同，背后所传达的文化含义也相似，因此，在翻译时，可以采用直译的方法。简言之，当目的语中可以找到与源语中动物的内涵相似的对应形象时，翻译就可以保留源语中的动物形象，直接翻译。这种处理方法既保留了源语中的文化信息，又符合读者的语言表达习惯和思维方式。例如：

wolf down　狼吞虎咽

barking dog do not bite　吠犬不咬人

to play the lute to a cow　对牛弹琴

to drain to catch all the fish　竭泽而渔

kill two birds with one stone　一石二鸟

one swallow does not make a spring　孤燕不报春

to be like a frog at the bottom of a well　井底之蛙

A rat crossing the street is chased by all. 过街老鼠，人人喊打。

（二）套译

因为英语和汉语在表达习惯上存在着差异，所以在翻译中时常会出现"形式相似，精神不一致"的情况，甚至还有可能出现意象错位的现象。在这种情况下进行翻译时，要首先了解英语和汉语这两种语言之间存在的差异，包括语言模式、思维习惯和表达方式等方面，然后再采用套译的方法进行翻译。

这种翻译的处理方式不仅能够使译文与原文达到"形似"，而且还能达到"神似"的效果，使译文更加生动和贴切。例如：

talk horse　吹牛

drowned rat　落汤鸡

a lion in the way　拦路虎

It is a poor mouse that has only one hole. 狡兔三窟。

Go to the sea, if you would fish well. 不入虎穴，焉得虎子。

Better be the head of a dog than the tail of a lion. 宁做鸡头，不做凤尾。

（三）意译

因为中国文化和西方文化存在着差异，所以汉语和英语赋予动物的文化内涵也各不相同。即使是同一个动物形象，其背后蕴含的中国文化和西方文化的内涵也不一定完全相同。在进行这种翻译的处理时，直译会使译文显得更加晦涩和生硬，会使读者产生困惑，从而也使译文失去价值。因此，在进行这种翻译的处理时，为了达到"神相"的效果，意译是最适合采用的方法，摒弃原文中难以理解的动物形象，使其符合目的语的表达习惯。例如：

Don't teach fish to swim. 不要班门弄斧。

Love me, love my dog. 爱屋及乌。

Every dog has his day. 人人皆有得意时。

Let sleeping dogs lie. 勿惹是生非。

It rain cats and dogs. 倾盆大雨

As poor as a church mouse　一贫如洗

A crow is never the whiter for washing herself often. 江山易改，本性难移。

总而言之，中西文化受地理环境、历史发展的影响有着本质的区别，而动物词汇蕴含着丰富的文化内涵，因此在表达时传递出不同的文化信息。这些词汇除了具有字面意义，即代表动物本身之外，还有着丰富的比喻意义、象征意义以及褒义和贬义等。所以在有关动物词汇的翻译实践中，应了解中英两种语言的文化背景，分析其各自的语言模式和表达习惯，力求体现文化特色与内涵，准确传递文化信息。

第六节　植物文化翻译

一、植物文化解析

（一）rose 与玫瑰

1.rose

在西方国家，玫瑰是一种十分常见的花卉，具有美丽的外形与娇艳的色彩。概括来说，玫瑰具有以下几种文化内涵。

（1）象征美丽

英语中常将玫瑰与百合放在一起，用 lilies and roses 来形容女性的"花容月貌"。

（2）象征爱情

英语中借玫瑰来抒发爱情的作品不胜枚举，最脍炙人口的是苏格兰农民诗人彭斯（Robert Burns）的那首《我的爱人像朵红红的玫瑰》(*A Red , Red Rose*)，其中最经典的诗句是 "Oh, my love is like a red, red rose/That's newly sprung in June"（啊，我的爱人像朵红红的玫瑰，六月里迎风初开）。

（3）象征健康

玫瑰的颜色非常悦目，于是玫瑰色就成了健康的颜色。英语中有许多短语都是在此基础上诞生的。例如：

come up roses

事情进展得顺利、成功

take rose views

抱乐观的看法

treat with rose

用温和的办法对待

come out smelling of roses

出淤泥而不染

There is no rose without a thorn.

没有十全十美的事。

2. 玫瑰

在古代的中国，玫瑰很少为文人所欣赏，这可能是因为它们的花朵很小但刺很多。因为玫瑰茎上有着非常多的尖刺，所以被中国人民视为"豪者"，并被称为"刺客"。但是玫瑰的这种"豪气"在中国古代的文人雅士身上很少会体现到，而真正有"豪气"的那些人更喜欢去游历名山大川，对玫瑰也不太重视。古代的达官显贵喜欢的花卉大多是牡丹、芍药等富贵之花，他们不屑于关注生长环境恶劣、浑身带刺的玫瑰。正因如此，在中国传统文化中，玫瑰并没有很高的地位，与其有关的诗词也相对较少。用玫瑰象征爱情的观念也是从国外传来的，并非中国本身就有的传统。虽然在中国古代玫瑰的境遇大多数情况下都是如此，但是因为玫瑰有着美丽的外表和强烈的个性，所以它还是受到了一些诗人和作家的喜爱，例如：

红玫瑰

宋·杨万里

非关月季姓名同，不与蔷薇谱牒通。

接叶连枝千万绿，一花两色浅深红。

风流各自燕支格，雨露何私造化功。

别有国香收不得，诗人熏入水沉中。

三姑娘的诨名儿叫"玫瑰花儿"，又红又香，无人不爱，只是有刺扎手……

（《红楼梦》第六十五回）

（二）plum 与梅

1.plum

在英语文化中，与梅相对应的词语 plum 既指梅树或李树，又指梅花或者李子。在英国美国俚语中，plum 表示奖品、奖赏。现在，plum 则成为美国国会常用的委婉语。例如：

A congressman or senator may give a loyal aide or campaigner a Plum.

（国会议员会给重视的助手和竞选者一个有好处、有声望的政治职位，作为对其所做贡献的回报。）

2. 梅

在我国，梅是传统花卉之一，具有相当悠久的历史，最早可以追溯到殷商时期。梅是一种在严寒风雪的季节里盛开的花，色淡清香，花姿优雅。梅与菊、兰、竹并称为"四君子"，与竹和松并称为"岁寒三友"。因此，梅有着丰富的文化内涵。由于梅迎霜傲立枝干无叶如铁，受到历代文人墨客的赞赏，如唐代僧人齐己就这样描写过梅花。

早梅
唐·齐己
万木冻欲折，孤根暖独回。
前村深雪里，昨夜一枝开。
风递幽香去，禽窥素艳来。
明年如应律，先发映春台。

这首诗将梅花傲雪斗霜的特点形象地描写了出来。此外，梅花色淡清香，枝干坚硬，所以人们常用梅花的这些特点来象征"高雅纯洁，清丽而含铁骨之气"等高贵品质。例如：

梅
清·秋瑾
冰姿不怕雪霜侵，羞傍琼楼傍古岑。
标格原因独立好，肯教富贵负初心？

上述诗为秋瑾所作，秋瑾以梅作诗表达了自己坚强不屈的精神斗志。再如：

卜算子·咏梅
宋·陆游
驿外断桥边，寂寞开无主。
已是黄昏独自愁，更著风和雨。

无意苦争春，一任群芳妒。

零落成泥碾作尘，只有香如故。

陆游借梅花来描写自己，表达了坚贞不屈的意志。

（三）peach 与桃花

1.peach

在西方文化中，peach blossom 并无特别的文化内涵，而 peach 通常喻指肤色白里透红的美人。例如：

peachy cheeks 桃腮

His wife is an absolute peach. 他太太真是位美人。

此外，peach 指出色、优秀的事物或特别出众、令人钦佩的人。例如：

a peach of a room 漂亮的房间

You are a peach. 你是个令人钦佩的人。

The restaurant was a peach. 这家餐馆因经营有方而闻名遐迩。

2.桃花

在中国，桃花是一种较为常见的大众之花。其外观娇艳美丽，因此在中国文化中的形象也较为复杂。

第一，桃花因其艳丽的外表而常被用于形容女子的美丽。例如：

诗经·周南·桃夭

先秦·佚名

桃之夭夭，灼灼其华。之子于归，宜其室家。

桃之夭夭，有蕡其实。之子于归，宜其家室。

桃之夭夭，其叶蓁蓁。之子于归，宜其家人。

第二，因为桃花能够结出硕果，所以桃子被人们用来比喻教师教出来的学生，象征着教师对学生的栽培和教育。例如，汉语中有着"桃李满天下"的说法。

第三，人们还会用桃花源来比喻理想化的境界，这是源于陶渊明在《桃花源记》中提出的理想社会。

第四，在中国古代，人们还会使用桃符来避邪。桃符是古代人们挂在大门上的两块画着门神或者是题有门神名字的桃木板。王安石就写过有关桃符的诗句：

"千门万户曈曈日,总把新桃换旧符。"

第五,因为桃花有着非常艳丽的外表,与儒家含蓄而不张扬的传统观念相违和,所以人们常常用桃花来代指美色以及男女之事,如"桃花运""桃色事件"等。

当然,除了以上提及的这几种含义之外,人们也常常将桃花描写到诗句中。例如:

桃花

唐·周朴

桃花春色暖先开,明媚谁人不看来。
可惜狂风吹落后,殷红片片点莓苔。

题都城南庄

唐·崔护

去年今日此门中,人面桃花相映红。
人面不知何处去,桃花依旧笑春风。

(四)lotus 与莲

1.lotus

在希腊神话中,lotus 是一种忘忧树,传说吃了这种树上的果实就可忘记并摆脱尘世的苦难。因此,英语中含有 lotus 的表达大都与懒散有关。例如:

lotus eater 　过着懒散舒服生活的人

lotus land 　安乐之乡

a lotus life 　懒散、悠闲和无忧无虑的生活

2.莲

莲原产于印度,但在中国有着相当长的种植历史。在汉语中,莲又称"荷花""芙蓉",具有以下几种文化内涵。

(1)象征正直

莲在中国被看作"花之君子",具有廉洁正直的品质。正因如此,古人常有咏颂荷花、以荷花自比的名篇佳作。例如:

莲花

唐·温庭筠

绿塘摇滟接星津，轧轧兰桡入白𬞟。

应为洛神波上袜，至今莲蕊有香尘。

（2）象征自然、高雅

人们常用"清水出芙蓉，天然去雕饰"来形容莲花的脱俗、清新、可爱。

（3）象征爱情

汉语中常用"并蒂莲""花开并蒂"来形容夫妻恩爱。

（五）lily 与百合

1.lily

在西方文化中，lily 的文化内涵主要有以下两种。

（1）象征贞节、纯真和纯洁

英语中常用 lily-white 一词来表示"洁白""纯真""完美"之意。例如：

He marveled at her lily-white hands. 他惊讶于她洁白的双手。

It's ironic that she should criticize such conduct—she's not exactly lily-white herself. 讽刺的是，她自己也不是毫无过错，竟然还批评别人的行为。

（2）象征懦弱

英语中 lily 一词还经常被用来形容胆小，怯懦的人或有点儿娘娘腔的男人。例如：

But its lily-livered approach might, in fact, be the right one.

（但实际上这种胆小的做法也许是正确的。）

2.百合

在汉语文化中，百合的含义主要有以下两种。

（1）象征美好、吉祥

因为百合的颜色非常洁白，并且带有"百年好合"的联想意义，所以中国人非常喜欢百合，并将百合当作一种带有祝福和吉祥之意的花。例如，百合就被福建省南平市和浙江省湖州市当作市花，在我国古代经常出现咏颂百合的诗词，如：

百合花

宋·韩维

真葩固自异，美艳照华馆。

叶间鹅翅黄，蕊极银丝满。

并蒂虽可佳，幽根独无伴。

才思羡游蜂，低飞时款款。

（2）医学价值

在中医看来，百合可以作为一种药材，具有很多的功效，如养心安神、润肺止咳等。此外，在日常生活中，人们也会将百合作为食材使用。

（六）peony 与牡丹

1.peony

在英文中牡丹是用 peony 这个词来表示的，它来源于西方神话中的神医皮恩（Paeon, the god of healing）的名字。在西方神话中，神医皮恩曾经用牡丹的根治好了天神宙斯的儿子海克力斯（Hercules），所以牡丹（peony）被西方人认为是一种"魔力之花"，它的药用价值比美学价值更高。

2.牡丹

第一，在中国传统文化中，牡丹代表着富贵、华丽和高雅，这一点在古代诗词中有很多的体现，例如：

牡丹诗

唐·殷文圭

迟开都为让群芳，贵地栽成对玉堂。

红艳袅烟疑欲语，素华映月只闻香。

剪裁偏得东风意，淡薄似矜西子妆。

雅称花中为首冠，年年长占断春光。

第二，在中国古代，牡丹还可以代表国家的繁荣昌盛，这一点在很多诗句中都有体现。例如，唐代诗人刘禹锡写道："唯有牡丹真国色，花开时节动京城。"在此之后，文人墨客都开始用牡丹来象征生活幸福吉祥、国家繁荣昌盛等。

第三，中国人民认为牡丹代表着自己对富裕生活的期盼。人们将富贵的品格赋予了牡丹，人们提到牡丹就会想到"富贵"这两个字，所以，牡丹常常被人们用来表达对富裕生活的期盼。

第四，在中国传统文化中，中国人民还用牡丹来指代纯洁和爱情。例如，"花儿"是一首在我国西北地区广为流传的民歌，其中的歌名"花儿"指的就是牡丹，同时也是歌曲的对唱双方中男方对女方的称呼。

第五，中国人民用牡丹来指代一个人不畏权贵的高风亮节。虽然牡丹通常被人们称誉为"富贵之花"，但是牡丹并不娇弱，所以人们认为牡丹代表着不畏权贵和恶势力。

此外，在中国一些传统工艺和美术作品中，牡丹除了自身独有的一些象征意义之外，还可以和其他花一起具有其他的象征意义。例如，将牡丹和芙蓉放在一起，就象征着"荣华富贵"；将牡丹与海棠放一起，就象征着"门庭光耀"；将牡丹与水仙放一起，就象征着"神仙富贵"；将牡丹与长春花放一起，则象征着"富贵长春"等等。

（七）pine 与松树

1.pine

在西方文化中，pine 是一种常青树，象征永生，被喻为生命之树。同时，松树是希腊酒神（Bachus）和爱神（Cupid）的标志。在圣诞节期间，松树常被用作圣诞树。此外，pine 在英文中有"消瘦、悲痛、惨痛、痛念"之意。

2. 松树

松树在中国传统文化中常常与柏树并称。中国人民非常赞赏柏树耐寒常青的特点，认为这代表着一种抗击环境而能保持自身不变的高贵品质以及一种坚贞不屈、刚直不阿的民族精神。

此外，因为松树的生命力非常顽强，可以存活千百年之久，所以从古代开始人们就将其作为长寿的象征。在古代，松树和柏树常常会被种植于帝王宫殿、御苑、陵墓的旁边，代表着"长命百岁""江山永存"的寓意。在民间，人们也常用在墓地栽种松柏的方式来表达自己对逝者的怀念。到了现在，人们在给年长者祝寿时常常会送上一些与松柏有关的礼物，如"松鹤延年""松鹤同龄"的画卷、"福如东海长流水，寿比南山不老松"的寿联等，以此来表达自己对老人的祝福。除了以上提及的这些方面，松树也常常被人们用来代指志向高远、品行高洁的君子。

（八）red bean 与红豆

1. red bean

在英语中，红豆是用 red bean 一词来代表的。red bean 在西方文化中代表着一个人见利忘义的行为，通常指一个人违背原则、为了眼前的利益而出卖他人的行径。此外 red bean 没有其他的特殊含义。

2. 红豆

在中国传统文化中，人们常常将红豆称为"相思豆"，并用它来代表爱情或者相思之情。这种用法的出现主要有以下两方面的原因。

（1）与红豆自身的特点有关

红豆本身的形状就近似于心形，并且其颜色像血一样非常鲜艳，再加上其外壳质地坚硬，所以常常会被人们用来指代坚贞不渝的爱情。

（2）与我国古代的传说有关

在中国古代有着这样一个故事：相传有一位男子出征边塞，久而不归，他的妻子非常思念自己的丈夫，所以每日都在树下哭泣，时间久了眼泪流干了，眼睛中流出了鲜红的血粒，这些血粒落地不化，开始在地上生根发芽，最终长出了一棵结满红豆的大树，由此就有了红豆。

虽然这个故事只是一个神话传说，但是红豆代表的这种相思之情却在中国传统文化中深深地扎下了根，并被很多诗人用在了诗词作品中。例如：

相思
唐·王维
红豆生南国，春来发几枝。
愿君多采撷，此物最相思。

酒泉子
唐·温庭筠
罗带惹香，犹系别时红豆。
泪痕新，金缕旧，断离肠。
一双娇燕语雕梁，还是去年时节。
绿阴浓，芳草歇，柳花狂。

(九) laurel 与桂树

1. laurel

在过去，一些英国和美国人常常给战士头戴桂枝编成的花环，以此来象征他们的荣誉和成功。随着时代的发展，到了后来，那些成就斐然的诗人也被称为 poet laureate（桂冠诗人）。由此可以看出，桂冠在西方文化中与荣誉有着密切的联系。例如：

gain/win one's laurels　赢得荣誉

rest on one's laurels　满足于既得之功，不思进取

look one's laurels　小心翼翼地保持荣誉

2. 桂树

桂树在中国文化中代表着吉祥、美丽和荣誉等，所以人们常常将其与荣誉联系在一起。例如，在中国古代，人们用"蟾宫折桂，独占鳌头"来指代学子考中了状元。现代汉语中，"折桂"这一说法仍在沿用，用来比喻学生在考试或者比赛中夺得第一名。

(十) bamboo 与竹子

1. bamboo

竹子的英语为 bamboo。bamboo 在西方文化中只是一种没有任何特殊联想意义的植物。甚至英语中并没有这个词，这个词是从其他语言借用而来的。造成这一现象的原因是，竹子在西方国家并不常见，所以人们并不像中国人那样对竹子非常熟悉。在许多情况下，竹子只是一种植物的名字。

2. 竹子

中国是世界竹林的分布中心，竹类资源十分丰富。竹子与中国传统文化关系密切。在中国文化中，竹子既是"花中四君子"（梅、兰、菊、竹）之一，又是"岁寒三友"（松、竹、梅）之一。竹子具有高耸挺拔、质地坚硬、中空有节等特性。因此，自古以来，竹通常被认为是正直、坚贞、廉洁、有气节的象征。"高风亮节"就是对竹子最好的写照。

竹子因其挺拔和秀美之姿而受到了中国历代文人的欣赏，很多文人墨客用竹子来指代自己的品格和情操。魏晋时代的嵇康、阮籍、山涛、向秀、阮咸、王戎、刘伶七人，"相与友善，游于竹林，号为七贤"，共同以竹自喻，世称"竹林七贤"；

李白、孔巢父等六人，曾隐居于山东，以竹溪为美，诗酒相欢，世称"竹溪六逸"。这些文人墨客也为后世留下了非常多赏竹咏竹的诗句，如欧阳修的"竹色君子德，猗猗寒更绿"，李程的"常爱凌寒竹，坚贞可喻人"，邵谒的"竹死不变节，花落有余香"等。

在中国传统文化中，有很多词语也是以竹为喻体的，如"势如破竹""胸有成竹""青梅竹马""罄竹难书"等。

（十一）apple 与苹果

1.apple

苹果是非常常见的一种水果，其营养丰富、价格相对实惠，受到人们的普遍喜爱，所以苹果也有着非常丰富的喻义。例如，棒球运动是美国特别流行和普及的一种运动，人们就用苹果来进行指代。如：

He likes to play apple.

他喜欢打棒球。

其次，apple 也常常被人们用来指代"同伴、家伙"。当 apple 作为这种含义使用的时候，通常情况下都需要用形容词来进行修饰。如：

He is a real slick apple.

（他真是个狡诈的家伙。）

此外，在西方文化中，apple 还可以被用来指代大城镇或者热闹的街区，就像纽约也可以用"the Big Apple"或"the Apple"来表示一样。如：

Young musicians are flocking into the Apple. 年轻的音乐家们正涌向纽约。

古代西方，人们注意到自己的瞳孔与苹果非常相似，所以用 apple of the eye 来指代人的瞳孔。又因为瞳孔是非常重要的人体器官，所以人们又将自己珍贵或宠爱的人或物都称为 apple of the eye。如：

"Dick" said the dwarf, thrusting his head in at the door, "my pet, my pupil, the apple of my eye, hey, hey！"

（"狄克"矮子说着，把头从门口伸进来，"我的心肝，我的徒弟，我的宝贝，嘿，嘿！"）

在一些美国乡村存在这样一种习俗：为了表示自己对老师的尊敬，小学生上学常常会给老师带一个擦得亮亮的红苹果，在英语中的表达为 to polish the apple，所以这个俗语被人们引申出"送礼、讨好拍马"的含义。据说这种说法是从 21 世纪初期开始产生的,直到 21 世纪 30 年代才开始广泛使用,现在人们常常用它来喻指曲意奉承、讨好巴结的人或行为。如:

This called for some extra apple-polishing by employees.(M.S. Davis)

(这就要求雇员们格外讨好巴结了。)

Mary is an apple-polisher, she will do anything for the boss.

(玛丽是个马屁精,老板叫她干啥她就干啥。)

2. 苹果

苹果的中国内涵。在中国,苹果是"平安果",人们之所以把"苹果"当成"平安果"的首选,是取了"苹果"的字音,象征着平安、祥和之意。

在中国,苹果是一种典型的舶来品,其历史可以追溯到 19 世纪中叶后,当时海禁开放,西方文化大量输入,果树资源交流更加频繁,苹果树也随之引入。由于历史短暂,因此中国传统文化和传说故事中有关苹果的意象就要少了很多。主要的意象来源于汉语讲究的谐音,汉字"苹"与平安的"平"谐音,人们用苹果看望病人,往往有平安健康的意义,苹果可引申为健康。描述女子的健康之美时人们总用"脸红得像苹果"来表示。另外,由于青苹果与红苹果的滋味不同,略带酸涩的"青苹果"被用以表示青涩,而美丽香甜的"红苹果"则象征幸福美满。

二、植物文化的翻译

(一)直译法

在英语和汉语中,如果某一种植物所用的词汇的文化内涵是相同的或者相似的,即源语中的植物词在译语中可以找到相同的对应植物形象或者是相似的对应植物形象时,那么译者对其进行翻译时就可以使用直译的方法。这样可以将原文的含义忠实地传递出来,从而实现翻译在形式与内容上的统一,使译文的语言更加丰富,加强英汉文化之间的交流。例如:

laurel wreath　　桂冠

source grape　　酸葡萄

catch/ clutch/ grasp a straw　　捞救命稻草

（二）直译加注法

因为中西方在生活环境、历史背景等方面存在着较大的差异，所以有些时候可能会出现译入语读者无法理解和认知源语中出现的植物形象的情况。这种情况下，为了保留源语带有的异国情调，使民族语言更加丰富，同时方便译入语读者对译文的理解，在对此类植物词进行翻译时，译者可以在直译的同时，解释源语的文化意义，从而使译入语读者对原文所传递信息的理解更加清楚明了。例如：

竹篮打水一场空　to draw water with a bamboo basket — all in vain

as like as two peas in pot　锅里的两粒豆（一模一样）

A rolling stone gathers no moss.　滚石不生苔（改行不聚财）。

（三）意译法

由于文化背景不同，有些中西植物词难以从字面意思来理解，采取直译行不通，这时译者可采取意译法，舍弃原文中的植物形象，将原文中的植物词所暗含的意义传递出来。例如：

望梅止渴　to feed on fancies

胸有成竹　have a well-thought-out plan

种瓜得瓜，种豆得豆。　As you sow, so you will reap.

apple of discord　不和的根源

full of beans　精神旺盛

peaches and cream　完美无缺

the apple of one's eyes　掌上明珠

Every bean has its black.　凡人各有短处。

（四）套译法

在英汉语言中，有一些相同的植物会带有不同的文化内涵，所以这就要求译者在翻译时必须对这两种语言的文化差异、译入语的文化传统以及译入语读者的习惯进行综合的考虑，并按照以上这些方面的要求对植物词汇在译入语中的表达方式进行调整，使用套译的方法对原文的植物形象进行改变，使译文在语义、文化、美学方面与原文更为贴切，达到对等的翻译效果。例如：

昙花一现　a flash in the pan

雨后春笋　spring up like mushrooms

捡了芝麻，丢了西瓜　to be penny-wise and pound-foolish

as red as a rose　艳若桃李

come out smelling of roses　出淤泥而不染

Oaks may fall when reeds stand the storm.　疾风知劲草。

第六章 翻译与文化心理

一直以来，人们都在探讨翻译与文化心理之间存在的关系，换句话说，也就是研究在进行翻译时研究文化心理的必要性。

为了解决上面这个问题，就需要我们先探讨和解决若干个最基本的问题，其中，这些问题涵盖了文化心理的范畴、文化心理与语义生成和文本组织形态之间深刻的相互关系等等。很显然，如果这些问题没有得到解决，那么文化翻译就只能停留在"知其然不知其所以然"的"必然王国"的表层上，不能真正地进入"自由王国"中来窥探其中的奥秘。我们只有将文化心理与翻译中的语义与文本联系起来研究，才能做到知其然又知其所以然，这也正是文化翻译的魅力所在。本章节主要介绍文化心理概述、语义诠释与文化审美心理、文本解读与文化审美心理三方面内容。

第一节 文化心理概述

对于心理的认识，人类花费了很长的时间。在很长一段时间里，人们并没有对语言、心智、思维、精神、情感等之间存在着怎样的关系这方面的问题有深入的了解。我国古代哲学家荀子在《天论篇》中说："形具而神生，好恶喜怒哀乐藏焉。"荀子认为，人的情感来源于神，但是他只是用"形"的对立面来解释"神"，却没有对"神"的本质进行充分的解释，这一点在中国古代哲学家身上形成了一种共识。《淮南子·原道训》中说："耳目非去之也，然而不能应者何也？神失其守也。"（这句话的意思是，虽然有些情况下人的耳目并没有失去作用，但是人却没有作出反应，出现这种情况的原因是什么呢？原来是因为这个人神不守舍，其中"舍"字指的就是人的形体）。在中国，学者们接触心理学的时间比较晚。

1830年，我国清代学者王清任首次提出"灵机、记性不在心，而在脑"①。这种观点的提出非常了不起，是一种非常深刻的认识和高明的见解。但是，由于古代中国非常重视悟性，而并不重视实验，所以王清任的观点没有被人们开发和发展。而在西方，很多学者很早就开始关注心理学观念和心理现象。不过最早在真正意义上对心理学本体论进行研究的是德国的哲学家莱布尼茨（G.W.Leibniz）。作为一名唯理论（理性论）者，莱布尼茨在对感觉、意识和知识进行认识时，都运用了理性的知识。他认为，人首先会产生感觉，然后对感觉进行提升才能得到知识。英国的哲学家洛克（J.Locke）受到了莱布尼茨的这种感觉论的深刻影响，不过他认为感觉并不是知识的真正来源，知识应该来源于人们的观念，而人们的观念则是源于人们在生活中积累的经验；人获得知识需要在特定的人文环境里对观念进行反省。

在19世纪末，人们对心理现象和心理活动展开了科学的探索，其中心理现象和心理活动在一定程度上是相同的，但是心理现象通常表现在心理活动中，而心理活动则强调人的表现。随着哲学和医学的发展，心理学家开始系统地对感觉、知觉、表象、思维、想象和记忆进行探索和研究，从而得出人的认知过程就是从感觉到记忆的连续性活动这一结论。认知过程在人类发展过程中有着非常重要的作用和意义。

除了认知过程外，人类的发展过程中还存在以下三种过程，分别为情感过程、意志过程和表现过程。

首先是认知过程。人类在发展过程中，在对客观事物（构成其认识的客观世界）和主观事物（构成其认识的主观世界，也就是自我）进行认知和理解的过程中，大多数都不会仅仅停留在认知维度这个层面上。

其次是情感过程。随着人在发展过程中不断产生新的认识，人也会获得新的感受并根据这些感受做出反应，也可以说采取某种态度，这时，人们产生的认识就会以情绪和情感的方式表现出来，也就是荀子口中的"好恶喜怒哀乐"。当然，荀子提出的这六种情绪只是对人的情绪和情感进行的一种概括，实际上人的情绪和情感非常之多且非常复杂，难以用语言完全概括。

再次是意志过程。当人对事物产生了一定的认识，并且做出了情感反应之后，人的行为就会随着其感情、心态、情绪而上升为某种态度，从而进入人的意志过

---

① 刘宓庆：《文化翻译论纲》，中译出版社2019年版，第214页。

程。意志过程具体包括相应的行动意向和实现自己的意图的决心。

最后是表现过程。表现过程是心理过程的一个阶段，指的是人在将自己得到的认知、情感、态度、意向统一之后表现出来的过程，如艺术家、作家或翻译家，会产生创作冲动、创作意向的行为。

以上谈及的认知过程、情感过程、意志过程和表现过程共同组成了心理过程。这四种过程都与文化心理之间存在着密不可分的联系，具体表现为：这四种过程都需要在特定的人文环境中完成，而不是在"真空"中进行的。在翻译上，心理过程可以图解如下（图6-1-1）。

翻译的文化心理过程 {
- 认知过程：对源语文本（SLT）的理解
  （SLT Comprehension）
- 情感过程：对源语文本（SLT）的感悟
  （SLT Feeling）
  （从情感过程到意志过程的过渡是关键）
- 意志过程：对译语文本（TLT）的酝酿
  （TLT Structuring）
- 表现过程：对译语文本（TLT）的赋形
  （TLT Formation）
}

图 6-1-1 翻译的文化心理过程

心理现象除了心理过程之外，还包括个性心理和群体心理这两个次范畴。其中，个性心理能够将个人或者个性的取向和心理特点反映出来；而群体心理则反映的是群体的共性取向或共性心理特点。

首先我们谈一谈个性心理特点。从心理学的角度来讲，"个性"主要指的是具有一定倾向性的心理特征的总和。也就是说，个性是多维度的、概括性的。例如，一些人的个性比较开放，一些人的个性比较含蓄，一些人的自信心比较强，一些人比较矜持，还有的人重情义等等。从宏观角度来讲，人的这些特性都是在特定的人文环境中形成的，它们都在一定程度上表现出文化的个人特质。瑞士著名心理学家荣格（C.G.Jung）对人的个性进行了分类，具体细分为内倾型和外倾型两种类型。

群体心理特点指的是特定群体的心理共性。其中，这个特定群体有着较大的范畴，如某个相对稳定的社会群体，或者社会中的某个阶层、阶级以及某个松散的社会群体（如"上班族"和"单身族"）。

通常情况下，社会集结体中最受关注的是民族。每个民族都有其与众不同的心理特征，而这些特征则形成于特定的文化环境中。所谓的"民族文化环境"与人种或种族并不存在直接关系，而是指具有特定的文化历史传统、地缘经济形态、地缘政治形态和地缘社会形态的环境。

至此，我们可以将文化审美心理范畴（心理现象及其次范畴）表现如图 6-1-2 所示。

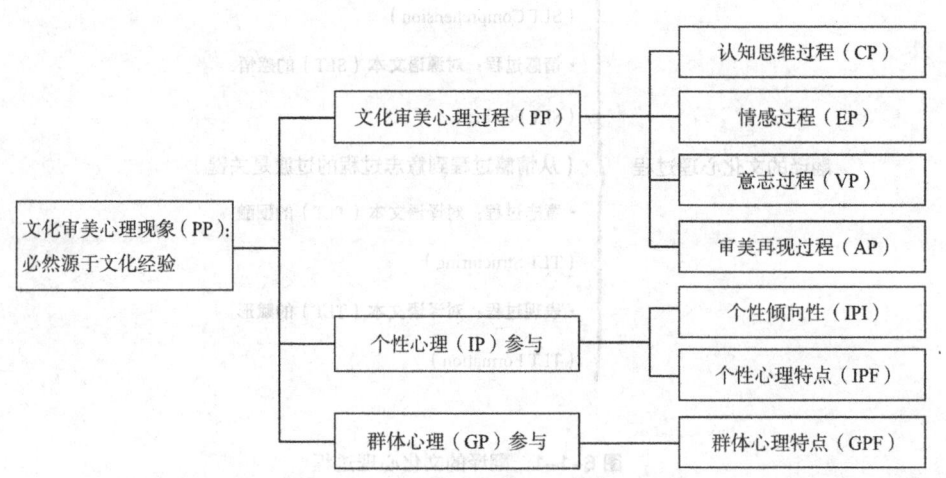

图 6-1-2　文化审美心理结构：范畴与次范畴

文化心理范畴是从文化信息心理结构的视角来对文化心理进行剖析的。在文化心理中，除了范畴的问题之外，还存在一个次系统论（图 6-1-3）。而文化心理系统则是从文化信息内容属性的视角来剖析文化心理。

首先是与价值属性有关的文化心理的价值系统，即人们的价值取向。人的价值系统来源于人的经验，并且会随之产生情感，然后由认知进行决定，最后常常见诸行为。其中，文化价值系统又包括以下几个次系统：①人生生命价值；②自然环境价值（例如儒家传统中的天道观）；③历史认知价值；④道德宗教价值；

⑤知识心智价值；⑥政治经济价值；⑦审美判断价值。虽然并不是每个人都会将自己的价值取向用言语表达出来，但是文化价值系统是几乎每个人都有的。

其次是文化心理系统中的文化行为系统。人类的行为可以粗略地分为非意向行为和意向行为两类，其中，非意向行为一般属于"自然行为"或"生理反应行为"，指的是一般情况下人并没有任何特殊的含义的行为，如打喷嚏、打哆嗦等；而意向行为则是指人在一定的条件下或环境中具有特定的文化意义的行为，一些意向行为发生在特定的人身上可能会产生非常深刻的文化意义，如屈原的自杀、李白的嗜酒等。

最后是文化心理系统中的表现（法）系统，它可以被划分为言语表现和非言语表现两类，而非语言表现又可以细分为情态表现与体语表现这两小类，由此可见，表现法与文化翻译之间存在着相当密切的关系。

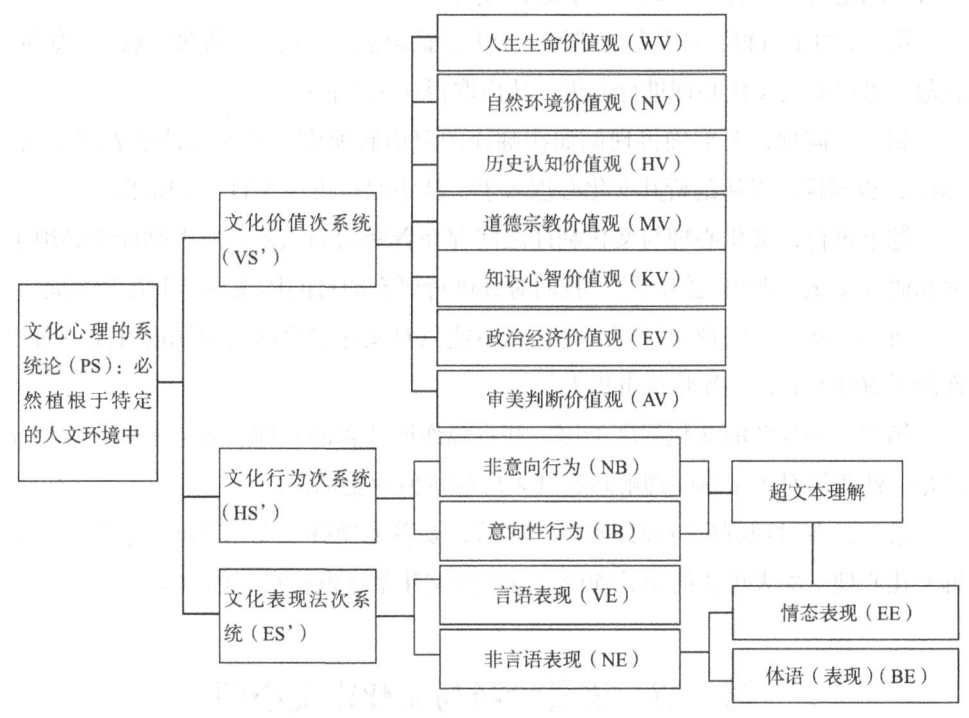

图 6-1-3　文化心理结构：系统与次系统

在文化心理的系统论中，文化表现法次系统对文化翻译有着十分重要的影响。从某种意义上来讲，如果我们在研究文化翻译时不重视表现法的研究，那么所有的理论研究成果将无法落到实处,最终化为泡影。

接下来我们需要了解的是人的文化心理所产生的作用以及其所扮演的角色,在英语中我们称之为文化心理的"task"。

一般情况下,人在行动之前受三种力量的支配:一是感觉,二是记忆,三是思维过程。在这三种力量的作用下形成了一个心理过程,而这个过程则表现为"注意",然后在"注意"的作用下发出"行动"指令,当然我们此处所讲的"行动"包含语言表现。我们需要注意的是这个心理过程受文化的制约,具体来讲就是受各种价值观的支配,这主要是因为人不可能违背他心理结构中的价值观来说话,而这在一定程度上也表明人的话语受其文化心理结构的影响。

第一,人的话语表现(式)会受到文化心理的制约,反过来也是如此,文化心理也必然会在话语表现式中有所反映。如此一来,对于一个人心理文化的推理就可以从他的话语表现(式)入手进行分析。

第二,由上可得,为了完全理解一个人的话语表现(式)中的深层意义、意向、意蕴,可以对其文化心理进行剖析,从而取得相关的依据。

第三,同理,要准确再现例如在翻译的双语转换中一个人的话语表现(式)(SL),也同样可以从剖析其文化心理入手,从中取得再现(TL)的依据。

综上可得,文化心理与文化翻译之间存在着密切的联系,所以翻译学必须了解和研究文化心理相关的问题。我们对其进行研究的目的体现在以下几个方面。

第一,将文化的视角打开,这代表不能只对文化这个深层领域进行简单而片面的了解和研究,必须将视野扩大。

第二,将理解的文化程度加深,并将源作所蕴含的心理层面的文化底蕴探究清楚,使我们对于文本的理解超越其表层的价值而更加深入。

第三,在对理解进行加深和校正之后,要着力做好"文化表现"这件事,了解文化心理支配表现法的相关理论,以确保文化翻译取得最好的效果。

第二节 语义诠释与文化审美心理

文化心理在文化翻译中具有重要的意义,其作用在于它在一定程度上可以对词语的准确意义进行校正、调整、调节和确定。例如,"道"是中国传统哲学中一个非常重要的范畴,而不同哲学流派的界定将决定"道"的意义。很明显的一点是，不同的哲学流派对于"道"的界定都是根据不同的认识论和方法论来进行的，这就涉及文化心理参照的问题。对于道家来说，其心理文化认为，人们对于"道"的认识要通过"无"来确定，这样才能把握"道"的质朴性、绝对性以及虚无性。因此，老子说"道可道，非常道。名可名，非常名"。庄子也说"夫道，有情有信，无为无形"。(《庄子·大宗师》) 通过对比可得，道家的心理文化与儒家的心理文化之间有着完全不同的结构，在儒家的创始人孔子心中，"道"代表的是儒家的政治主张和思想体系，即儒家常说的"大同"世界。总而言之，儒家的"道"代表的是其政治理想，这种"道"比道家的"道"更加务实。所以，《论语·公冶长》中说"道不行，乘桴浮于海"，《卫灵公》中说"道不同，不相为谋"，由此可见，"道"是一种非常具体的，并且"可行""可谋"的东西。而法家的"道"与儒家和道家的"道"又有所不同。法家的"道"则是指"法治"，"守道"指的就是按照法律办事。由此可以看出，法家的"道"比儒家的"道"更加务实。

由上可得，道家、儒家和法家这三种文化心理中的"道"的内涵各不相同，所以在翻译时需要进行深入的分析和鉴别，不能对其不加调整、润饰而都翻译成"the way""the doctrine"或"the ideal"等。

同样的例子还有《易经》。《易经》是周代的古文献经典，其中的"易"的意义在不同的心理结构中也并不相同。在儒家看来，"易"与中庸的心态比较符合，《礼记》所云："君子居易以俟命"，意思就是君子处于平易而无危险的境地，应该素位而行以等待天命，而这是一种非常消极的人生态度。与儒家的认识不同，《易经》中认为，"易"具有非常高的理性认识水平，因为客观世界一直在变化，所以《易经》中"易"的基本思想为人必须"观变"，主旨为"观变于阴阳而立卦"，指的是要观察天地阴阳变化的规律而设立卦形。《易经》有着非常深刻的思想内涵。《易经·系辞》云："穷则变，变则通，通则久。"《易经》被理雅各 (James Legge) 译为 "I Ching, Book of Changes."，这体现出他对《易经》中深层的文化心理理念进行了深刻而全面的把握，所以才能在书名中点明要旨。

词以上的语言单位的翻译也是同样的道理。在对词语的意义进行定位时，要着重考虑其文化心理的参照。例如"明哲保身"这个词语，在理性思维居于主导的盛唐时期是一个褒义词，但是随着历史的发展，到了后来在饱经劫乱的中国人民的心中成为一个贬义词。

一、文化审美心理环境下的语义定夺

以《橘颂》为例。

《橘颂》的审美支柱在文化心理结构的角度上可以分为三个方面：一是理（理想）；二是志（意志或志向）；三是情（情怀或情感）。《橘颂》在前半段是对橘子的歌颂，用橘子的嘉美生性来比喻人；后半段则是对自我的歌颂和勉励，注家李陈玉说橘颂，"屈子自赞"。在对《橘颂》以及《橘颂》的解释注疏进行理解时，可以将以上评述作为纲领。下面将按照句子的顺序来对《橘颂》的英文翻译进行分析。

首先是《橘颂》首句中的"后皇"。郭沫若将"后皇"翻译为"fair tree"，这是因为郭沫若的翻译没有结合《橘颂》的文化历史背景，所以导致其翻译中出现了望文生义的问题。对此，译者不应该信以为真。在注释中，"后皇"一词的解释是"君王"，所以郭沫若翻译的"辉煌"是与原文的含义不符的。《橘颂》中的"后皇嘉树"很大概率上与《汉书·礼乐志》中的"后皇嘉坛"有类似的含义，后人将"嘉树"这个词变为了"嘉坛"。其中，"坛"是"祭坛"的意思，而"后皇嘉坛"就是指"皇上有上佳的祭坛"，那么在这句中屈原为什么用"后皇"而不用"皇上"这个词呢？《礼记·内则》中说"后王命冢宰"，《释文》引孙炎解云，"后王"即"君王"，可见"后皇"较端重。所以屈原在此处使用"后皇"来指代君王就可以理解了。诗人是在自己的理性萌发期写下的《橘颂》，此时他心中的理想正像《橘颂》中所写的嘉树一样开始生发，迸发出勃勃生机。尤其值得注意的是，屈原在"后皇嘉树"中使用"后皇"之称来指代君王是有着文化心理依据的，因为诗人和楚怀王有着非常亲密的关系，屈原是楚怀王的左徒，"王甚任之"，两个人出入相随，屈原对楚怀王有着深厚的敬重之情，所以将"后皇嘉树"冠于诗首。

其次是《橘颂》的第二句中的"受命不迁"。郭沫若将其翻译为"独立不移"，这样的翻译并没有任何依据并且违背了原文的意思。此处的"受命"指的是受天候水土之命，而非"独立"，也就是说，橘子是一种"习服植物"（"习服"是医学名词，指适应于宜于栽培之水土环境），其察性是不会变的。根据当时屈原的心态来考虑，他和楚怀王之间的关系非常融洽，所以也不会特别强调"独立"。郭沫若并没有考虑到以上屈原的心理因素，但是幸好他在进行英语翻译时没有盲目地按照同样的方式处理。此外，郭沫若还将"绿叶素荣"一句翻译为"laden with orange",这是缺乏依据的,因为这句的本意是讲橘子有绿色的叶子和白色的花,此处并没有提及其果实。

郭沫若对《橘颂》的第 11~16 句的理解也有些偏离。"青黄杂糅"指的是青色和黄色杂糅在一起,而并非郭沫若所理解的"由青而黄"。英语中将其翻译为 a riot of yellow and green 是正确的,没有将错就错。"文章烂兮"是指文采斑斓,而非郭沫若所理解的气味"芬芳"之意,两者完全无关。"纷缊"指的是五彩斑斓的样子,郭沫若将其理解为"赋性坚贞",这两者的意思差之千里。"姆而不丑"的意思是面容俊俏,这几句都是在对仪表进行描写,而郭沫若则将其理解为"仁人志士"。"类任道兮"指的是"看来是可以委以重任",郭沫若则又将其随意理解为"不怕冰雪雾罪"(指的是耐寒,与原文的意思完全不符),英译者无法完全对其进行把握,所以用"virtuous and right"这个模棱两可的修饰词来进行翻译。

郭沫若对《橘颂》的第 24~27 句的理解则更加荒谬。"横而不流"中的"横"指的是横江而过,整体的意思为"横浊世之流而过,而不随之漂流",这与郭沫若所理解的"故步自封"有着非常大的偏离,如果说郭沫若在此处是进行的"语句调整",那么这种调整就显得过度了。"闭心自慎,终不失过"意思是"常常扪心自勉,勿失言失密,以求行为审慎,不至于到头来造成过失",而郭沫若则将其理解为"不胡思乱想",与原文的意思完全不同。第 27 句中的"秉德无私"意为保持美好的品德和无私的精神,其英译为 so selfless, you have virtues high,但是郭沫若的理解却是"至诚一片",如果按照郭沫若的理解将其进行回译的话,翻译出来应该是 perfectly honest,这就与"秉德无私"没有任何关系了。

《橘颂》的第 29~30 句中,"愿岁并谢,与长友兮"中的"长友"一词指的是常与为友,而不是郭沫若所理解的"忘年交"。忘年交是指年岁差别大、行辈不同而交情深厚的朋友。《南史·何逊传》云:"弱冠,州举秀才,南乡范云见其对策,大相称赞,因结忘年交。"屈原写下《橘颂》时不过二十四五岁,所以从屈原写《橘颂》时文化心理的角度进行分析,"嗟尔幼志"这一句也没有到辈分不相当的地步。这句的英译也没有受到郭沫若误译的影响,在语义上没有太多的错误,只是存在文字上不够自然的审美问题。

根据以上对《橘颂》的理解和翻译的分析,我们可以得出以下几条教益。

第一,在进行语义解释时,必须要考虑到原作的文化和历史背景以及作者的文化心理和创作理念,使作出的语义解释与之相符。在最终确定原文的意义时必须根据原文的文化和心理框架进行，不能只读字面意思，也不应该"异想天开"，至少得有"意"的依据才能进行意译。

第二，在总体的意思基本相同的情况下，表现式的微调也应该根据作者的文化心理来进行，包括分析甄别、调整、鉴别、修正等方面。如果没有把握好作者的心理因素，就可能出现调过了、调偏了或调错了等情况。例如，屈原的政治理念中，"美政"是一个非常关键的词，所以在对这个关键词进行翻译的时候应十分细心地进行微调。如果屈原所说的"美政"只是"从政"之意的话，那么译者将其译为 "engaged in politics" "enter politics" 等也未尝不可，但是需要注意的是，屈原在其《离骚》乱辞的最后两行中所写的"美政"就代表着强烈的"屈原个性"，或者说是屈原的政治理念性、纲领性。

既莫足与为美政兮，
吾将从彭咸之所居。

此时对屈原的诗句进行分析和理解，应该在文化历史的整体观照及文化心理结构中进行。此处屈原所说的"美政"指的是他心中的治国方略或抱负理想，相当于屈原的 guiding principle 的实现。戴维·霍克思（David Hawkes）的英译如下。

Since none is worthy to work in making good government, I will go and join P'eng Hsien in the place where he abides.

如果不考虑文化翻译中对文化内涵的严格要求，那么这样的翻译可以表达出原文的意思，只是在其文化意义或文化心理特征上留有一些微妙的欠缺，这是因为屈原所讲的"美政"中的"政"指的是"政治"而非"政府"，但戴维·霍克思英译中的 good government 指的却是治国有方的工具，而非屈原所讲的"美政"，不如译为 "to work with to meet my political ideal"。

第三，文化心理学的探索是困难并且艰苦的，恰当表达它也并不容易，而文化心理也并不是在任何情况下都可以完全表达源语的含义，这是因为译者对原文的理解可能与原作者的文化心理不完全一致，所以在翻译时必须对原文的内容仔细斟酌。

二、文化审美心理环境下的语势获得

诗人毛滂写过一首《临江仙·都城元夕》，其中的"酒浓春人梦，窗破月寻人"

一句非常妙。这句诗的巧妙之处在于诗人使用的"破"字和"寻"字的语势，整体的含义为，月色非常撩人，破窗进入，似乎是在对思绪万千的半醉者进行跟踪和纠缠。作者在此处使用了特殊的文化环境给原本没有生命的月色带来极大的动感、动势，这就是我们所说的语势。中国古诗词中有很多描写月色的诗句，如曹操的"月明星稀，乌鹊南飞"，虽然这句诗中也描写了很美的月色，但是其中的月就没有这种语势了；苏轼的"明月几时有，把酒问青天"也是如此，诗句中的月是动态的，并没有这种语势感。如果想将原本表示静态的词语激活，使之获得一种动势，那么就需要对作者的文化心态进行考虑和分析，并且营造出一种可以产生语势的意境。莎士比亚的哈姆雷特王子所说的那六个小词"to be or not to be"中 be 的动态语势也就是这样获得的。

我们现在继续对《橘颂》进行分析。橘在一般情况下都是不具备语势的，如"江南多红橘""潮落橘子洲"等，但是在《橘颂》中，"橘"字却充满芬芳、色泽、激情、斗志，好似充满了生命和人格，因此也就充满了语势。

因此，译者在对《橘颂》进行翻译时，必须深刻把握"橘"字的人格化、动态化、语势化，以此来把握屈原的创作动机。下面将对译者的认识进行阐述。《橘颂》中的第二句"橘徕服兮"，郭沫若将其理解为"枝叶纷披"，译者在翻译时也将其中反映了屈原心态的文化信息忽略掉了，而这种文化信息对于译者的翻译来说是非常重要的。《橘颂》的第三句"受命不迁"指的是橘。据《考工记》：橘逾淮而北为枳。陈子展在《楚辞直解》中云："橘本热带植物，移至温带地区，尚能如常结实。人及其他生物更是能够高度适应环境状态，在学科上称为习服。屈原出生地为橘之乡，梯归至今犹称为'三峡橘乡。'"董说著《七国考》中云:《橘颂》言楚王好草木之树，而橘生其土。因此，译者在进行翻译时不能忽略"橘徕服兮"这一句，而郭沫若将其理解为"树叶纷披"更没有依据。这句中含有三个文化信息：第一，屈原使用了比兴的手法来对橘进行烘托，并且交代了橘的植物科属目名及本性；第二，屈原直接将橘树称为君王之树，表现了其中蕴含的心理因素，以及他的忠君、爱君情结；第三，屈原在一开始就说橘树是君王的美树，又对其高洁的志向进行赞美，这就将他与君王的亲密关系表现了出来。据王逸所述，屈原在年纪很轻的时候就担任了三闾大夫的职位，掌管着国王室屈、景、昭三姓学子的教育。在《橘颂》的后段自颂时他说"年岁虽少，可师长兮！"与此处刚好形成了互文，即"离骚"中所说的"余既滋兰之九畹兮，又树蕙之百亩"，在此时，屈原踌躇满志。在进行英文翻译时，译者并没有将屈原的这种心态表现出来，也没有在遣词造句上体现屈原颂橘、颂己的心理活动。很显然，这时的"橘"已经不再是一般静态的橘，而是被人格化的橘，具有了一定的语势。诗人歌颂的橘树其实代表着一个品质雅洁、磊落挺秀、意气风发的人。

语势在任何情况下都是一种具有动态性的微妙的附加意义，它的"势"（force）来源于随"语境"之机的 change（变化），turn（转折），shift（转移），因此需要有心人的把握。

第三节　文本解读与文化审美心理

将文本与词语进行比较可以发现，文本能够蕴含更深刻和难以言喻的文化心理，使读者产生"a complete blank"（一片茫然）的感觉。但是不同于读者，译者不能在读完书之后任凭内心的茫然泛滥，在叹息之后保持无可奈何心情。译者要进行翻译，必须具有一种情感和志向，能够对书中蕴含更深刻和难以言喻的文化心理进行深入的理解和探究。

作家通过文本来表露心迹和反映心理活动。所以译者必须对文本进行深刻的把握，使自己与文本之间的距离逐渐缩小。不同作家所写的文本具有不同的特点，有的文本就像一片一望无际的树林，有的则像一座迷宫，还有的像荒原，甚至像詹姆斯·乔伊斯（James Joyce）所说的像"一头怪物"。

詹姆斯·乔伊斯的作品《芬尼根的苏醒》（*Finnegans Wake*）可能就是这么"一头怪物"。下面将用《芬尼根》作为示例来讨论文化的审美。

詹姆斯·乔伊斯在写作《芬尼根》时有三个显著的特点：一是无时空限制；二是无语言规范限制；三是无情节限制。《尤利西斯》也是詹姆斯·乔伊斯的一部作品，与《尤利西斯》对比，《芬尼根》在很多方面完全相反，其中最重要的一个反面体现在：在《尤利西斯》中乔伊斯写的是白昼遐想，而在《芬尼根》中乔伊斯写的则是夜晚梦呓。乔伊斯说"我已经写过文学中最漫长的一个白天了，我现在要想象出的是最黑暗的一个夜晚了"[①]。所以他为了摆脱语言常规带来的束

---

① 徐晓飞、房国铮：《翻译与文化》，上海交通大学出版社2018年版，第90页。

缚，给自己的写作提供了最大限度的自由，由此得以构筑出一个读者从未想象过的内心世界和文化心理的迷宫。

《芬尼根》是一本非常梦幻的作品，其中并没有系统的情节。按照传统小说中对主人公的定义，《芬尼根》中的主人公是一个叫作 Humphrey Chimpden Eanvicker（缩写是 HCE）的酒吧老板。《芬尼根》的全部内容大多是人们在夜晚似睡非睡的睡梦中产生的奇思怪想，更像一种人鬼情未了的心理交流。因为乔伊斯在书的总体设计中摆脱了时空、语言和情节这三项限制，如此才可以在文本中从容地构建"历史"。

乔伊斯的写作深受《新科学》一书的影响。《新科学》是维柯的著作，其中阐述了循环论历史观的理论。维柯认为，物周而复始，在自身的存在上更新，生者必死，死者犹生。这也体现了《芬尼根》一书中作者的文化心理，亦是这本梦幻书的题旨所在。

译者应该按照以上这种心理轨迹来对作者的文本加以分析和理解，这也就是我们常说的"文心即人心"。

一、文化审美心理的主轴探索

如果从文化心理的角度来分析《芬尼根》的话，我们可以发现其中存在四条发展线索，而人与历史的关系以及人类对历史的思考是这本书的主轴与中心线索，同时这也是乔伊斯在写作《芬尼根》时着重考虑的问题。人的发展不能忽视历史本身的规律，而是应该对这种规律进行深刻的认识，否则将会导致人类的毁灭。但是人如果想要获得新生，就必须历经毁灭的过程，然后得到意识上的苏醒，其中也体现了维科所描绘的历史的历程。

《芬尼根》这本书中非常有意思的一点是，乔伊斯并没有将其写成一本彻头彻尾的梦幻书。事实上，乔伊斯在这本书中经常会进行清醒的思考，就像"水汪汪的世界"里，时时会露出点点陆地甚至绿洲。这也可以体现出文本具有的非整体性和非统一性，所以译者不能将文本看作一成不变的整体，这种行为既与实际情况不符，也会让人们对作品文化心理的深入分析变得非常不利。总而言之，读者应该在把握主轴的同时了解非主轴对主轴的衬托，使之相得益彰，这种辩证关系表现为"场"，如下所述。

二、文化审美心理的"场"论探索

通常情况下,心理活动具有时空性。所谓的超时空的"场"主要指的是精神活动中的一种有特征的、可持续的、可叠现的领域,一般情况下会有一条主线贯穿于整个文本,如《芬尼根》的心理主轴便是乔伊斯的上述历史观。另外,通常文本中也存在着一些细微的心理活动区域,而这些也会融入书中,从而形成鲜明特征的场界。具体来讲,《芬尼根》主要有三条次要线索,而在这三条次要线索作用下形成了三个次要的心理场:一是乔伊斯的女性观,二是乔伊斯的人际观,三是乔伊斯的未来意识。

从某种意义上来讲,乔伊斯的女性观十分有特色,这在二十世纪二三十年代十分具有代表性,同时也十分具有进步性,尤其是他的表现手法十分独特。在书中,乔伊斯用充满活力的水、河流、海洋来象征女性。在乔伊斯的眼中,水是生命之源。我们所处的世界是一个到处充满水的世界。川流不息恰好代表着自然界不可抗拒的再生循环模式,因此生命之泉正是力量之源。在《芬尼根》一书中,乔伊斯通过女主人公安娜·利维娅·普鲁拉贝尔(Anna Livia Plumbdle)充分展现了他的女性观。乔伊斯认为《芬尼根》一书中描写安娜的那部分内容是"男人所写的散文中最伟大的散文"。在这些段落之中乔伊斯运用了很多的双关语、暗语等表达方式,这的确给人带来了不一样的体验。虽然《芬尼根》一书中有很多的暗语、双关语,甚至是插科打诨,但是这并不影响读者对女性这个中心话题和心理脉络的梳理。毫无疑问,这是翻译行文极其重要的线索和依据。

《芬尼根》中的乔伊斯人际观主要体现在对酒吧老板的两个儿子和一个女儿的描写上。实际上,乔伊斯的人际观要远远高于"争争吵吵"的人际观。乔伊斯通过对人争争吵吵场面的描写,来表现人类社会的"争斗"特征。在中间部分,乔伊斯突转矛头,将焦点放在了不幸者——爱尔兰的"卑微者"身上,在对其进行描写时,乔伊斯运用了平易、清醒的语言,读者似乎可以从语言描写中看到乔伊斯本人。对人的思考与对历史的思考相互交融,经历了漫长的痛苦和短暂的荣光,那本应属于爱尔兰的一天一定会到来。

The silent cock shall crow at last. The west shall shake the east awake. Walk while ye (you) have the night for morn (morning), light breakfast bringer, morroweth whereon every past shall full fost (fall fast) sleep. Amain (Amen) . (大意:那沉默的雄

鸡一定会起而啼晓，西方一定会把东方摇醒，你将要从黑夜走向黎明，成为破晓者，黎明一定会取而代之，往昔的一切一定会陷入沉睡之中，阿门。）

从根本上来讲，历史感和未来意识的朦胧交织，同时也是一种心理活动场界的叠现。从某种意义上来讲，历史循环论和人生循环论是并行不悖的，究其本质它属于一种无穷极的未来意识，即原生代托出了新生代，新生代又成了新新生代的原生代，以此循环、生生不息。无论是山川河流，还是亚当夏娃都是如此。这就是乔伊斯为《芬尼根》设计的那个新颖、精致而且寄寓了相当深刻的情思的开头，大意如下。

河水汩汩而流，流经利菲河畔的夏娃和亚当教堂，流过一弧海岸，回到豪斯城堡和都柏林的市郊（原文中"Vicus"是拉丁文，意思是"街道"或"村庄"；又与"Vico's"谐言，原文并有"recirculation"之意，这个词因而很容易使人想到"维柯式的历史循环论"。"commodius"与意大利文"commodus"音形极近，后者的意思是 Roman Emperor）。

在乔伊斯出人意料的设计中，这个开头一句是接在该书末尾一句后面的（不过按循环论就谈不上"出人意料"），大意如下。

我们穿过矮树丛后的草地。别出声！一只海鸥，许多海鸥。远处的呼唤，来吧，从远方！就飞落到这儿，我们这儿，芬，再一次，苏醒了，你轻轻地吻我，别忘了我啊，千年再相会。我会给你去天堂的钥匙。我们约定了！那旅程，孤独的、恒久的、可爱的、漫长的利非河（河水汩汩而流……）

乔伊斯这样的行文安排，我们不得不承认其别具匠心，同时这与乔伊斯的心理取向也十分吻合：历史和未来就像是流水，而水是永恒的，不管经历多少次的循环，水永远不会完结。乔伊斯在《芬尼根》中共使用了 62 种文字，其中还涉及爱尔兰四种密语，如 Bog Latin, Shelta, Bearlagair Na Saer 等。此外，乔伊斯对未来也寄予了很大的期望，在他看来，现在的"不可知"，在未来便会成为"可知"。

《芬尼根》出版于 1939 年，一共 628 页。从文化心理线索的角度来看，现在已经公认可以理解且没有争议的内容有二分之一。乔伊斯曾经幽默地对试图将《芬尼根》译成意大利语的翻译者说，这件工作不宜延宕，因为"眼下至少有一个人能理解（整个文本），那个人就是我自己，我能理解我写的东西。但是，两三年后我还能不能干（这份差事），那就不能担保了"①。

由此看来，要想透彻地理解与《芬尼根的苏醒》类似的作品，就必须对其进行文化心理分析。文化心理的作用体现在它对语义、文本和风格的"定点""定位"以及"定格"的参照意义上。此外，乔伊斯在写作《芬尼根》时也深受爱尔兰文艺传统和审美价值观的影响，所以才会坚持长达16年采取梦幻体写作方式，将语言和事件都高度符码化。与中国古代楚国的文学相似，爱尔兰文学中也具有浓郁的浪漫主义色彩（或者说爱尔兰文学更注重浪漫主义的"实在"），同时注重对高度意象化的人物进行塑造与情节的安排，体现出一种虚淡、飘逸的文化艺术气质。爱尔兰民间还有各种各样的俗语，如"梦里出真情"和"酒后真言"等，体现出他们对非常态心理有一种拨乱反正的偏执爱。

对于作品来说，其创作方法是由其审美价值观决定的。乔伊斯长达16年写作的《芬尼根》中一直在对梦幻意识之美进行把握和表现，这也是令文学世界非常钦佩、折服的一点。除此之外，我们还应该采用历史的观点对乔伊斯的文化心理进行分析。乔伊斯的创新观念与20世纪前30年的现代主义思潮之间存在着密不可分的联系。在那时，很多西方文艺家都想方设法地挣脱19世纪的陈规旧习以及颓废消极心态的束缚，开辟新的文艺道路。当时的乔伊斯长期住在欧洲，和当时欧洲的文艺改革派前卫人物关系密切，如现代派诗人庞德（Ezra L.Pound）就是乔伊斯的好朋友。庞德对乔伊斯所写的《尤利西斯》有着很高的评价，并帮助乔伊斯与当时欧美的文艺革新派人士取得联系。乔伊斯与这些文艺革新派人士有很多经常讨论的话题，如时间、空间、无形、有形、存在、序列等。而这些话题也被当时欧洲哲学界、科学界和文艺界的人士思考、探讨和研究着，如海德格尔、爱因斯坦、T.劳特雷克等。在这样的社会历史背景下，乔伊斯对这类话题的探讨就很容易理解，下面是乔伊斯的《尤利西斯》一书中第三章开篇的第一、二段的内容。

有形事物的必然形态：若无其他，那么这就是最起码的形态。通过眼睛来思考，我眼前看到的，就是一切事物的标志了：海生物、海草、渐涨的海潮、那只发霉的皮靴。鼻涕似的绿青色发蓝的银灰色、铁锈色，那全是着了色的标志，透明的限度。但他（指亚里士多德）加了一句：色体现

---

① 李梁：《功能主义视角下译文的忠实性研究》，辽宁大学出版社2019年版，第138页。

在形体中。也就是说,他在对事物的认识中是先知其形体,后知其颜色。何以知之呢?用脑袋撞,真的。别忙啊,他是个秃子呢,而且腰缠万贯,好一个大师哲人(但丁对亚里士多德的敬称)。个中有透明度,为什么是"个中"呢?透明,超透明。如果你能将五个指头捅进去,那就是大门,否则就是小门,闭上眼睛,去探个究竟吧。

斯蒂芬闭上了眼睛,听到自己的靴子踩在海草和贝壳上,咯吱咯吱作响。怎么样,不也走过去了吗?大步流星呢。短短的瞬间跨过许多小小的空际。五、六,这就叫"序列"。对!这就是有声事物的必然形态。好了,睁开眼睛吧。可别啊,老天爷,如果我从这个凌空突起的悬崖上往下一栽,那就必然是通过"空间序列"往下栽了!我现在在漆黑一片中走着,不也挺好吗?腰挎木剑,就用它点着地走吧。我脚上穿的是他的靴子,脚就连在他的腿上,这不就是"空间序列"吗?听起来很有道理啊:这就是造物的产儿。我这样沿着桑地蒙特走会步入永恒之乡吗?咯吱咯吱,咯吱咯吱。野壳币,迪士先生哪有不知道的呢?

你不来桑地蒙特吗,

玛德琳,你这匹母马?

当然,我们并不能将作家的文化心理与其作品中蕴含的文化心理及文化信息完全等同。当前新的文本观的观念是,在一部作品没有写完之前,作家与作品之间的关系可以说是"生产者与产儿"(或"父子")的关系;但是这部作品被作家写完并发表之后,作家与作品之间的这种关系就会终结,批评家或翻译家只能按照文本来对这部作品进行诠释,"互文参照"和"人文互证"都只能帮助批评家或翻译家对作品进行分析,是一种参照或者旁证。尤其是翻译,除了添加对源语的必要解释,译者不能在译文中写入与原文文本无关的内容,更不能"无中生有"。

参考文献

[1] 罗勇主编:《语言、文化与翻译》,贵州大学出版社2021年版。

[2] 任一鸣:《文化翻译与文化传播:蒋彝研究》,上海社会科学院出版社2018年版。

[3] 黄国芳,陆晓蓉,韩家权:《语言文化翻译研究》,广西人民出版社2016年版。

[4] 崔姗、韩雪:《英语文化与翻译研究》,新华出版社2015年版。

[5] 贺爱军、贺海琴:《刘宓庆的整体性文化翻译观探究》,《宁波大学学报(人文科学版)》2019年第5期。

[6] 杨仕章:《文化翻译策略:概念析出与分类探究》,《外语教学》2019年第5期。

[7] 王亚茜:《文化翻译观视角下汉语文化词的翻译》,中国石油大学(北京)2019年学位论文。

[8] 杨仕章:《文化翻译机制研究》,《中国俄语教学》2019年第1期。

[9] 翁洁:《文化翻译的运用与中国话语的国际表达》,《当代中国话语研究》2016年第0期。

[10] 杨仕章:《文化翻译学的学科体系构建》,《中国外语》2018年第4期。

[11] 郝瑞松:《文化翻译视角下的中国英语研究》,《吉林化工学院学报》2018年第6期。

[12] 杨仕章:《文化翻译学建构探索》,《中国俄语教学》2018年第1期。

[13] 杨帅:《浅析文化翻译的制约因素及对策》,《青春岁月》2017年第11期。

[14] 杨仕章:《文化翻译学元理论探析》,《外语学刊》2017年第2期。

[15] 谭华、熊兵:《文化翻译中归化与异化之哲学理据》,《外国语文研究》2016年第6期。

[16] 孙艺风:《文化翻译的困惑与挑战》,《中国翻译》2016年第3期。

[17] 杨仕章:《文化翻译学界说》,《外语教学理论与实践》2016年第1期。

[18] 杨仕章:《文化翻译单位研究》,《中国俄语教学》2015年第4期。

[19] 李俊彦:《"文化翻译"不同视角研究》,《名作欣赏》2015年第8期。

[20] 黄海翔:《文化翻译:本质、策略与方法》,《华北电力大学学报(社会科学版)》,2014年第6期。

[21] 段峰:《跨学科视域下"文化翻译"评析》,《重庆大学学报(社会科学版)》2014年第3期。

[22] 段峰:《文化翻译与作为翻译的文化:凯特·斯特奇民族志翻译观评析》,《当代文坛》2013年第3期。

[23] 倪蓓锋:《论霍米·巴巴的文化翻译》,《中央民族大学学报(哲学社会科学版)》2011年第5期。

[24] 王兴艳:《跨文化翻译中的文化错位现象分析》,《沈阳农业大学学报(社会科学版)》2011年第1期。

[25] 肖鲁赛汐:《翻不尽的中华文化》,《科教新报》2018年第8期。

[26] 孙艺风:《翻译与多元之美》,《中国翻译》2008年第4期。

[27] 孙慧欣:《文化翻译观视角下中国特色表达的翻译策略研究》,天津理工大学2020年学位论文。

[28] 郭彩虹:《民俗文化的翻译策略与方法》,山西大学2019年学位论文。

[29] 孙宇:《文化转向视域下的莫言小说英译研究》,吉林大学2017年学位论文。

[30] 臧乐:《文化翻译观下〈儒林外史〉民俗文化素的俄译研究》,吉林大学2017年学位论文。